Michelle Meier-Metz
und Steffi Rauch

Ich bin wichtig

Ethik Klasse 4

Landesausgabe Thüringen

MILITZKE

Quellennachweis

S. 6: Michael Ende: Die Zauberschule und andere Geschichten. Thienemann, Stuttgart 2008, S. 18ff.; S. 8: Charles & Kristina Calvert: Philosophieren mit Fabeln. Dieck, Heinsberg 2001, S. 24; S. 12: Nach Barbara Brüning: Goldene Weisheiten – Philosophieren mit Märchen und Fabeln in der Sekundarstufe 1. Militzke, Leipzig 2000, S. 14; S. 14: Glenn Ringtved, Charlotte Pardi: Warum, lieber Tod …? Rößler, Bremen 2002; S. 17: Michal Snunit: Der Seelenvogel. Carlsen, Hamburg 1991; S. 22: Michael Ende. Die Zauberschule … a.a.O., S. 94ff.; S: 24: Gerhard Schöne: Der Märchenprinz. In: Das Kinderliederbuch. Buschfunk, Berlin o.J., S. 8; S. 32: nach Michael Ende: Norbert Nackendick. Thienemann, Stuttgart 1987; S. 40: Sonja Blattmann: Ich bin doch keine Zuckermaus – Begleitmaterial. Koppischopp; Mebes & Noack, Köln 2001, S. 43/44; S. 42: Charles & Kristina Calvert: Philosophieren mit Fabeln. a.a.O., S.52/53; S. 46: Jana Paßler: Wir gehen durch eine evangelische Kirche. Militzke, Leipzig 2007, S. 7, 29; S. 48: Anja Austel: Feste und Gebräuche im Jahreskreis (6). Reformationstag, Militzke, Leipzig 2004, S. 30; S. 50: nach: www.regierenkapieren.de; Zugriff: 23.9.2011; S. 52: Nach http://starkids.de/starkids/kinderderwelt/subsites/bangladesch/lorenzo.html; Zugriff: 9.11.2011; S. 54: Herbert Kistler: Offener Brief an einen kleinen Glückspilz. In: http://www.janicebehnke.de/wunder/vierzehn.htm; Zugriff: 9.11.2011; S. 56: Helmut Zöpfl: Die Wunder-Samen. In: BunterFaden. Lesebuch für Ethik und Philosophieren mit Kindern. Cornelsen, Berlin 2003; S. 103; S. 58: Erdöl.In: Rumpelstil: NawaRO – na klaro!, 2003/2009 Tari Taro Music www.nachwachsende-rohstoffe.de; Zgriff: 11.9.2011; S. 62: http://www.bmu-kids.de/Themen/Erneuerbare_Energien/ index.php; Zugriff: 9.11.2011

Bildnachweis

Illustrationen-!Vntdimbhjmmvtusbujpßebecca Meyer;
Fotolia.com I 7: goccedicolore; 11: Jörn Buchheim (ol), Christophe Fouquin (ur), Hero (ul); 17: danimages; 38: OOZ; 21: Anyka (ul), Kitty (ur); 24-25: Anna Velichkovsky; 46: Marco Desscouleurs (Fenster), Mi.Ti. (Altar), Jeanette Dietl (Kreuz); 47: Marilena Magnasco (Bibel), Blende-8 (Kanzel); 55: Josef Müllek (ul), AKiebler (or), Dron (mr), Sean Buck (ur); 61: Jochen Scheffl; 62: Ferkelraggae (u);
Imago I 45: Jens Koehler;
MEV Verlag GmbH, Germanyl 11: Sven Lüders (ml), Gerke&Fritsch (mr);
panthermedia.net I 4: Wavebreakmedia ltd (4); 5: Mandy Godbehear (m); 11: Jasmin Merdan (or); 14: Wavebreakmedia ltd (ol), Gelpi José Manuel (or), Kudryashka (u); 21: Jose Manuel Gelpi Diaz (ol), Noam Armonn (or); 26: Igor Zakowski (Herzen); 28-29: Anna Yakimova; 34: Eric Gevaert (ol), Peter Schellig (or), Tim Burrett (ur), Maik Blume (ur); 36: Klara Viskova (Wolke); 39: Christian Schwier; 40: Cherrymerry; 44: Monja Gräff (ol), Hans-Joachim Bechheim (or), Ludger Banneke-Wilking (ml), Peter Mautsch (mr), ; 46: Alvaro German Vilela (Taufbecken); 47: Hans Erik Kratholm Rasmussen (Orgel); 56: Oliver Hoffmann;
photocase.com I 12: Andrey-Fo;
pixelio.de I 14: Freestyler (ol-Hintergrund); 19: Rita Thielen; 44: Gabi Schoenemann (ur); 46: Dieter Kaiser (Kirche); 49: Domino (o); 55: Detlev Beutler (ol), Dieter Schütz (ml); 57: Sigrid Rossmann; 58: Carsten Nadale (o), Sybille;
Christophe Eyquem I 51; Martina Nolte I 49 (u); Ralf Thielicke I 8, 36 (o), 42, 52; Uta Wolf I 32, 33;
(o = oben; ol = oben links; om = oben mitte; or = oben rechts; m = mitte; ml = mitte links; mr = mitte rechts; u = unten; ul = unten links; ur = unten rechts)

Impressum

Das Werk und seine Teile sind urheberrechtlich geschützt. Jede Nutzung in anderen als den gesetzlich zugelassenen Fällen bedarf der vorherigen schriftlichen Einwilligung des Verlages. Hinweis zu § 52 a UrhG: Weder das Werk noch seine Teile dürfen ohne eine solche Einwilligung eingescannt und in ein Netzwerk eingestellt werden. Dies gilt auch für Intranets von Schulen und anderen Bildungseinrichtungen.

© Militzke Verlag GmbH, Leipzig 2017
Lektorat: Eveline Luutz
Umschlag und Gestaltung: Ralf Thielicke
Druck und Bindung: Himmer GmbH Druckerei & Verlag, Augsburg
ISBN: 978-3-86189-478-0

Militzke Verlag GmbH – www.militzke.de

Inhaltsverzeichnis Klasse 4

Das bedeuten die Symbole:

Arbeitsauftrag:

Denkaufgabe:

Gedankenblitz:

praktische

Aufgabenstellungen:

Ich bin Ich

Das bin ich

Das bin ich

Manchmal krieg ich mich nicht wieder ein,
Bin wütend und schimpfe und steiger mich rein.
Manchmal bin ich komischerweise
Ganz ruhig, ganz schüchtern und ganz leise.
Manchmal bin ich ganz schön frech,
Manchmal hab ich einfach Pech.

Ob man's glauben mag oder nicht –
Ja, das alles bin ich.

Leonora Metz, 11 Jahre

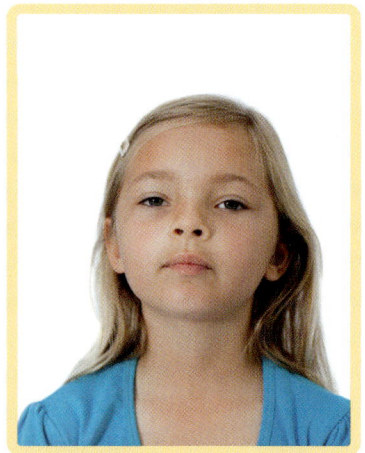  

 1. Geht es dir manchmal auch so? Dass du dich jedes Mal anders fühlst? Erzähle.

 2. Sammle mindestens zehn Wörter, die dich beschreiben, auf einem Blatt.
Alle Blätter werden anschließend in einem Korb oder Beutel eingesammelt.
So, dass nicht erkennbar ist, wer sie geschrieben hat.
Jeder zieht nun ein Blatt und liest vor.
Könnt ihr erraten, um wen es sich handelt?

 3. Aus den gesammelten Wörtern versuche selbst ein Gedicht über dich zu schreiben.

Vorbilder

„Ich finde Lady Gaga toll, weil sie so schrille Frisuren hat."

J. K. Rowling

„Ich finde Dieter Bohlen echt cool, weil er immer so freche Sprüche hat."

„Wenn ich groß bin, möchte ich so sein wie Obama. Denn …"

 1. Was haben alle diese Personen gemeinsam?

 Vorbilder oder auch **Idole** sind Personen, mit denen wir uns identifizieren und deren Verhalten wir nachzuahmen versuchen. Das können Personen sein, die dir überhaupt nicht nahestehen, aber ein hohes Ansehen genießen oder aber auch Verwandte oder Bekannte.

 2. Hast du auch ein Vorbild? Erstelle eine Collage, in der du ihn oder sie vorstellst.

 3. Veranstaltet eine Ausstellung.

 4. Haben Jungen und Mädchen die gleichen Vorbilder? Was ist für Jungen wichtig? Was für Mädchen?

Die Zauberschule

Kennst du Michael Endes Märchen „Die Zauber-schule"?

Es erzählt, wie man zaubern lernt und seine eigenen Wünsche in Wirklichkeit verwandelt.

Wichtig dafür sind drei Grundbedingungen:
1. Du kannst nur wirklich wünschen, was du für möglich hältst.
2. Du kannst nur das für möglich halten, was zu deiner Geschichte gehört.
3. Nur das gehört zu deiner Geschichte, was du in Wahrheit wünschst.

Der Lehrer, Herr Silber, erklärt:
[Und deswegen] kommen sie niemals dazu, ihre wahren Wünsche zu entdecken. Die meisten Leute **meinen** nur, sie wüssten, was sie sich wünschen. Der eine meint zum Beispiel, er wäre gern ein berühmter Arzt oder Professor oder Minister, aber sein wahrer Wunsch, den er selbst gar nicht kennt, ist es einfach ein guter Gärtner zu sein. Ein anderer meint, er wäre gern reich oder mächtig, aber sein wahrer Wunsch ist, Zirkusclown zu sein. Viele Leute meinen auch, sie wünschten sich ernstlich, dass es allen Menschen auf der Welt gut geht, dass alle glücklich und zufrieden leben können, dass jeder zu jedem nett ist, dass die Wahrheit siegt und der Friede herrscht. Solche Leute würden sich wundern, wenn sie ihre wahren Wünsche kennenlernten. Sie meinen nur, sich das alles zu wünschen, weil sie sich selbst gern als tugendhafte oder gute Menschen sehen möchten. Aber möchten heißt eben nicht wahrhaft wünschen. Ihre tatsächlichen Wünsche richten sich oft auf etwas ganz anderes, mitunter sogar geradezu das Gegenteil. Deshalb sind sie niemals wirklich ganz und gar einig mit sich selbst und weil es fremde Wünsche aus einer fremden Geschichte sind, erleben sie niemals ihre eigene Geschichte. Und deshalb können sie natürlich auch nicht zaubern.

1. Welche Wünsche hast du, die den Kriterien der Zauberschule entsprechen?

Philosophieren wie in der Zauberschule

Während ihres Unterrichts in der Zauberschule üben die Schüler Verbindungen zwischen einzelnen Gegenständen herzustellen. Das bedeutet, sie suchen nach Gemeinsamkeiten.

Bei einem Apfel, der zu einem Ball werden sollte, war die Sache ja noch vergleichsweise einfach. Jedermann sieht sofort, dass beide kugelförmige Gestalt haben und ihre innere Verwandtschaft sozusagen von selbst zeigen. Schwieriger war es schon, zum Beispiel eine Gabel in einen Apfel zu verwandeln. Da musste man folgendermaßen vorgehen: Eine Gabel – so musste man denken – bleibt immer eine Gabel, gleich, ob sie groß oder klein ist. Wenn eine Gabel groß ist, dann ist es wieder gleich, ob sie aus Eisen oder Holz besteht. Nun kommen hölzerne Gabeln jeder Größe in jedem Baumgeäst vor, ja man kann sagen, ein Baum ist im Grunde überhaupt nichts anderes, als eine große vielzinkige Gabel. Das trifft natürlich auch auf einen Apfelbaum zu. Seine Frucht, der einzelne Apfel, ist scheinbar nur ein kleiner Teil des Apfelbaumes, in Wahrheit steckt aber in jedem Apfelkernchen wieder ein ganzer Apfelbaum. Man darf also mit Recht behaupten: Ein Apfel ist eine Gabel. Und wenn das so ist, dann stimmt auch das Umgekehrte: Eine Gabel ist ein Apfel. Und wenn man nun die richtige Zauber-Wunschkraft einsetzt, dann kann man über diese Brücke das eine in das andere verwandeln.

1. Versuche selbst solche Zauberbrücken herzustellen.
   Zum Beispiel bei Buch und Film.
2. Versuche auch eine Brücke zu finden zwischen dir und deinen Wünschen?

3. Fällt es dir sehr schwer, solltest du vielleicht deine Wünsche noch einmal überdenken.

Nachdenken über Zeit

Das größte Geheimnis ist die Zeit. Sie hinterlässt überall ihre Spuren. Alles ist stets und ständig der Veränderung unterworfen und hat eine bestimmte Zeit zum Dasein. Menschen, Tiere und Pflanzen werden geboren und sterben, Winde wehen und flauen wieder ab, Wasser regnet herab und verdampft wieder – jedes hat seine vorgegebene Zeit. Trotzdem gibt es Momente in denen wir die Zeit beeinflussen wollen.
Davon erzählt auch die folgende Fabel:

Wie der alte Löwe sich an der Zeit bereichern wollte

Der Löwe, ein gewaltiger Herrscher über die friedliebenden Tiere der Steppen und Wälder, merkte eines Tages, dass er langsam alt und schwach wurde. „Ach, hätte ich doch ein wenig mehr Zeit auf dieser Welt. Mein Königreich ist so schön, mein Volk fürchtet mich, und außerdem lebe und regiere ich doch so gern", schluchzte er und sah dabei ziemlich jämmerlich aus. „Nun, vielleicht kann ich euch helfen", erwiderte sein Minister, eine ebenso hochbetagte Hyäne, die dem Löwen seit vielen Jahren ergeben diente. „Was soll mir helfen?", seufzte der Löwe, „Ich bin alt, meine Zeit geht zu Ende." Die Hyäne überlegte einen Moment. „Nun, wenn euch eure Zeit knapp geworden ist, werden wir eben eine Zeitsteuer erheben. Das friedliebende Volk fürchtet Euch, mein König. Wenn jeder im Volk von seiner Zeit etwas abgibt, werdet Ihr mit der so gewonnenen Zeit noch lange leben und regieren können." „Ja, geht das denn? Ach, ich wünschte, es wäre so." „Vertraut mir, mein König, Ihr werdet sehen."

1. Warum möchte der Löwe seine Zeit auf dieser Welt verlängern?
2. Was glaubst du? Geht das? Begründe.

8

Noch am selben Tag verfasste die Hyäne ein neues Gesetz und ließ es im Land verkünden: „Im Namen des Königs. Ab sofort sind alle friedliebenden Tiere dieses Landes aufgefordert, etwas von ihrer Zeit an den König abzutreten!" Da die friedliebenden Tiere den alten Löwen noch immer fürchteten, wollten sie tun, was man verlangte. Alle verfielen in große Hektik, um Zeit für den König zu sparen. Doch schon bald kamen Chaos und Elend über das Land. Der König war darüber sehr erschrocken. Er befahl seinem Minister, das neue Gesetz auf der Stelle wieder aufzuheben, damit alles wieder so schön werde, wie es einst war. So geschah es dann auch, denn der alte Löwe hatte schließlich doch eingesehen: alles im Leben hat seine Zeit.

1. Warum entstand durch das Zeitsparen der Tiere Chaos im Land?
2. Bestehen Unterschiede zwischen einem alten und einem jungen Löwen?
3. Welche Vorteile bringt das Lebensalter?

4. Versucht einmal für euch zu erklären was „Zeit" ist.

Dabei kann euch eine **Begriffspyramide** helfen.
• Zuerst schreibt jeder auf 3 Zettel, welche Wörter ihm zum Thema „Zeit" einfallen.
• Die werden gesammelt und nach ihrer Häufigkeit sortiert.
• Jetzt müsst ihr die 6 wichtigsten heraussuchen. Das bedeutet ihr müsst diskutieren und euch einigen.
• Die wichtigsten 3 Dinge oder Begriffe kommen auf die unterste Stufe der Pyramide – sie sind das Fundament.
• In die mittlere Reihe kommen die 2 zweitwichtigsten Dinge, die die Zeit erklären würden.
• Die letzte Wortkarte bildet die Spitze. Hier steht etwas weniger wichtiges.

Nun versucht mit Hilfe dieser 6 Wörter eine Definition zu formulieren. Mit ein wenig Übung gelingt das immer besser.
So kannst du dies für viele schwierige Begriffe nutzen, um sie zu erklären.

Redensarten, Sprichwörter und Zitate

Ein einziger Augenblick kann alles umgestalten. (Chr. M. Wieland)

Gebraucht der Zeit, sie geht so schnell von hinnen, doch Ordnung lehrt Euch Zeit gewinnen! (F. Schiller)

Den versäumten Augenblick bringt kein Wunsch zurück. (Sprichwort)

Es ist unmöglich nur den Augenblick zu leben. Man steht immer mit einem Bein in der Vergangenheit, mit dem anderen in der Zukunft. (J. Romains)

Man müsste das Leben so einrichten, dass jeder Augenblick bedeutungsvoll ist. (A. Tugenjew)

Ein Augenblick Geduld kann viel Unglück verhüten. (Sprichwort aus China)

Am liebsten würde der Mensch die flüchtigen Augenblicke in ein Standfoto verwandeln. (W. Roß)

Im Augenblick des Zusammenkommens beginnt die Trennung. (Sprichwort aus Japan)

1. Wie würdest du einen „Augenblick" erklären?
2. Suche dir einen Spruch aus und erkläre seine Bedeutung.

3. Suche dir einen Satz aus und stelle ihn dar. Du kannst malen, mit Ton kneten, Playmais oder Märchenwolle verwenden.

Zitate sind Weisheiten, die bekannte Persönlichkeiten einmal gesagt haben.

Bedeutende Augenblicke – Ein Forscherauftrag

 1. Sieh dir die Bilder an. Was stellst du fest?

 2. Stellt auch eine solche Augenblicke-Sammlung her und gestaltet eine Ausstellung.

 Unsere Fehler bleiben uns immer treu. Unsere guten Eigenschaften machen alle Augenblicke Seitensprünge. (Lebensweisheit)

Es war einmal ein Paar Schuh

Es war einmal ein Paar Schuh, das wurde einem Jungen geschenkt. Er ging damit in den Regen, da wurden die Schuh nass. Er ging damit in den Staub, da wurden die Schuh schmutzig.

Regen, Staub, Schnee und Eis – der Junge trug die Schuhe jeden Tag, ein langes Jahr lang, dann wurden sie ihm zu klein. Nun bekam die Schuh sein Bruder. Das Leder war nicht mehr so glatt, die Sohle nicht mehr so dick, doch der Bruder trug sie ein Jahr, dann wurden sie ihm zu klein. Der Vetter bekam sie. Das Leder war schon gerissen, die Sohle hatte ein Loch und nach einem halben Jahr lugte der große Zeh heraus. Jetzt gab man die Schuh dem jüngeren Bruder des Vetters. Sein großer Zeh war noch nicht so groß und lugte nicht heraus und er trug die Schuhe wieder jeden Tag. Er trug sie höchstens ein Vierteljahr, dann verlor er links die Sohle, und rechts verlor er den Hacken. Nun warf man die Schuhe weg, auf ein Feld. Eine Feldmaus kam und wohnte darin ein ganzes Jahr. Sie brachte Junge zur Welt. Zwanzig Mäuse lebten darin. Die Mäuse zogen aus. Ein Regenwurm kam und ruhte darin zwei Tage, dann glitt er in die Erde hinein. Ein Käfer kam, ein Schmetterling und mehrmals kamen kleine dicke Spinnen, die bald verschwanden. Ameisen kamen und bauten sich ein Nest. Bienen summten über dem Nest. Sonne schien in die Stube hinein. Blätter fielen und deckten die Schuhe zu. Schneeflocken fielen und deckten Blätter und Schuhe zu.

Nachher blühten Blumen. Aus dem Feld, aus dem Gras – überall blühten Blumen. Von den Schuhen war nichts mehr zu sehen.

Erinnere dich an das Lebensrad aus Klasse 2 und das Lebensband aus Klasse 3. Unser Leben wird in 4 große Lebensphasen unterteilt: Kindheit, Jugend, Erwachsenenalter und Alter.

1. Welche Lebensabschnitte findest du passend dazu im Märchen? Beweise dies mit der richtigen Textstelle.

Wie das Leben weiter geht

Erinnerst du dich noch an dein Lebensband aus Klasse 3. Nun könntest du es weiterhäkeln und verlängern. Du könntest alle Ereignisse des letzten Jahres ergänzen. Der Lebensabschnitt Kindheit wäre fast vorüber. Er dauert ungefähr bis du 13 oder 14 Jahre alt bist – bis du in die Pubertät kommst. Du hast viele Dinge gelernt, warst aber auch immer auf die Zuwendung von Erwachsenen angewiesen.

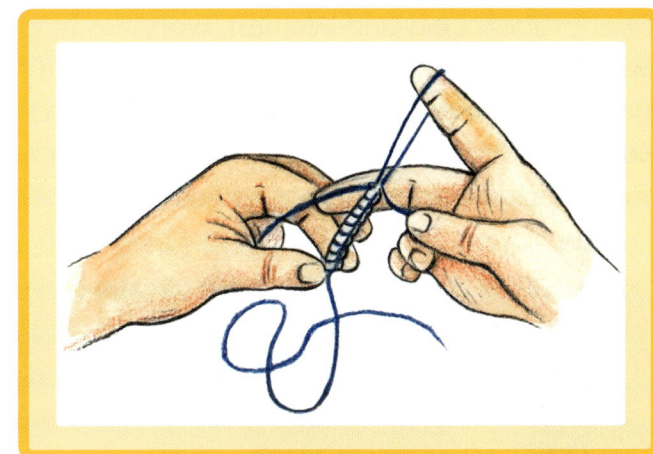

Dann beginnt die Jugend. Dein Körper beginnt sich zu verändern, du wirst geschlechtsreif. Die Hauptzeit dieses Abschnittes verbringt jeder Mensch in der Schule, sei es eine Regelschule, das Gymnasium oder eine Berufsschule. Viele Jugendliche geben ihr erstes Geld für die Fahrschule aus. Meistens haben sie dies als Jugendweihe- oder Konfirmationsgeschenk erhalten.
Mit 18 Jahren wirst du erwachsen. Dein nächster, meist der längste, Lebensabschnitt beginnt. Auch in diesem finden ganz typische Ereignisse statt. Die meisten Menschen arbeiten, gründen eine Familie und beziehen ein eigenes zu Hause.
Mit der Rente erreichen sie die letzte Lebensphase – das Alter. Spätestens jetzt hören fast alle auf zu arbeiten. Manche unternehmen nun viele Reisen, kaufen sich einen Garten oder gehen viel spazieren. Es lassen aber auch ihre Kräfte nach, sie werden häufiger krank und brauchen für viele Dinge mehr Zeit. Die Lebensphase des Alters endet mit dem Tod.

1. Vervollständige dein gehäkeltes Lebensband. Nutze für jeden Lebensabschnitt eine andere Farbe.
2. Ordne jeder Lebensphase bedeutende Ereignisse zu und ergänze noch fehlende wichtige Dinge. Kannst du jetzt schon alle Termine genau bestimmen?
3. Welche Gemeinsamkeiten und Unterschiede gibt es in den Lebenswegen?

Was wäre das Leben ohne den Tod?

Zwei Brüder, Leid und Weinen, wohnten in einem Tal, in das niemals ein Sonnenstrahl fiel. Sie waren immer traurig und missmutig, bis sie eines Tages die beiden Schwestern Freude und Lachen kennen lernten. Obwohl die Schwestern nur Sonnenschein und glückliche Stunden erlebten, fehlte ihnen etwas – sie wussten nur nicht was.

Als sich Leid und Freude und Weinen und Lachen verliebten, begannen sie ein langes und glückliches Leben. Alle vier wurden sehr alt. Als dann Weinen starb, starb Lachen am selben Tag und Freude und Leid erging es genauso. Keiner konnte ohne den anderen leben. So ist es auch mit dem Leben und dem Tod. Was wäre das Leben wert ohne den Tod?

Diese Geschichte erzählt im Kinderbuch „Warum lieber Tod …?" der Tod zwei Kindern, deren Großmutter im Sterben liegt.

Wie Freude und Leid und Weinen und Lachen gibt es noch mehr gegensätzliche Paare auf der Welt. Sie bedingen einander, denn ohne das Eine gäbe es das Andere nicht.

1. **Gestalte ein Flipp-Flapp mit 4 Gegenteilpaaren.**

   Du benötigst dazu: ein A4-Blatt

   Falte zuerst ein langes „Buch" und klappe es wieder auf.

   Nun falte mit den kurzen Seiten ein „Buch", klappe es auf und falte einen „Schrank" und wieder auffalten.

   Schneide alle Faltlinien einer Längshälfte bis zur Mittellinie ein.

   Wenn du jetzt wieder das erste lange Buch faltest entsteht das Flipp-Flapp.

   Auf die Oberseite der einzelnen Klappen schreibe je einen Begriff – das Gegenteil kommt unter die Klappe.

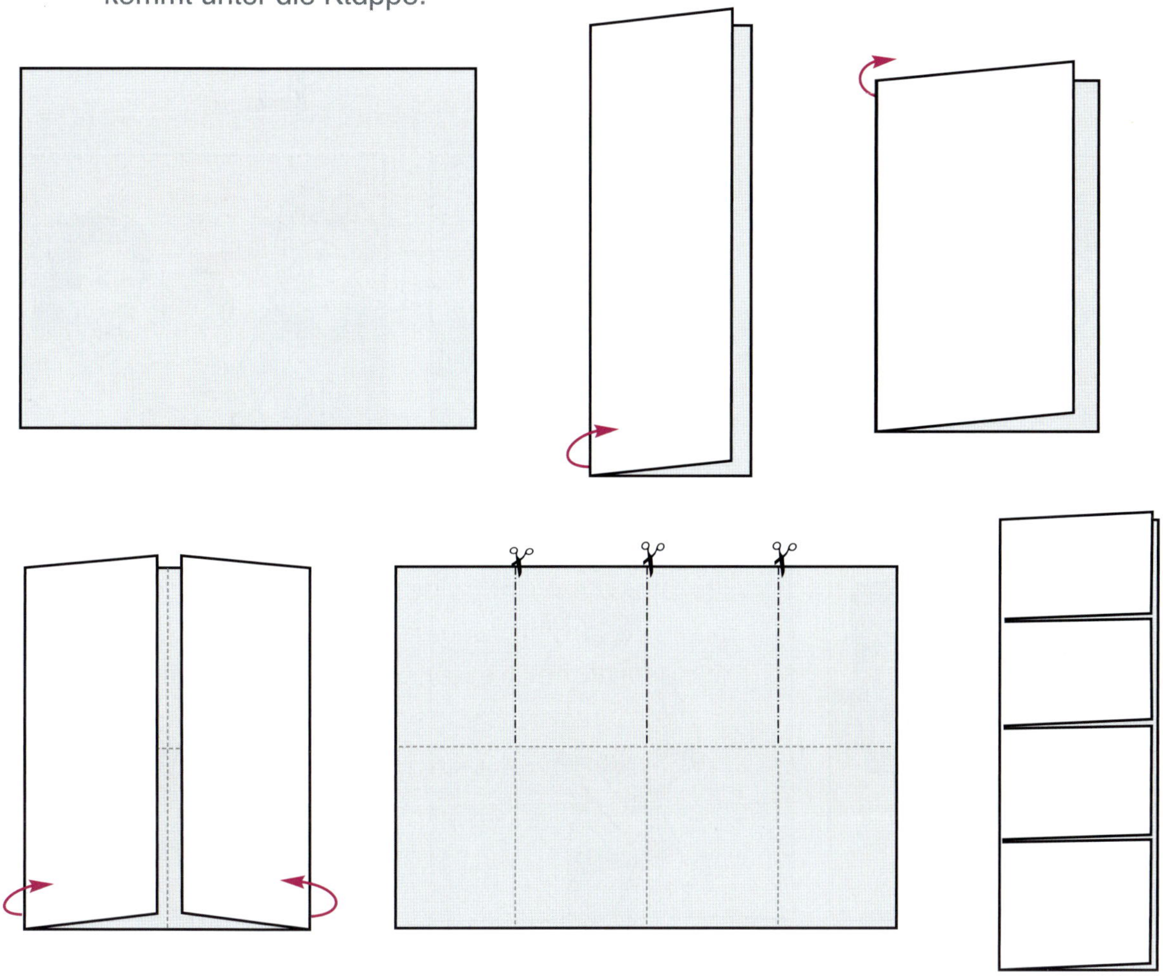

2. Sicher hast du viele solcher Paare gefunden. Was würde denn geschehen, wenn es immer nur eines von beiden gäbe?

3. Was wäre also das Leben ohne den Tod?

Erinnern tröstet

Manchmal passiert es plötzlich und unverhofft, dass ein Mensch, den du gern hast, stirbt. Manchmal war er aber auch lange krank, alle Verwandten haben ihn noch einmal besucht und sich von ihm verabschiedet. Wenn jemand gestorben ist, ist man unendlich traurig. Dabei haben alle Menschen ganz verschiedene Gefühle, wenn sie trauern. Diese bleiben nicht gleich, sondern verändern sich mit der Zeit. Es gibt Momente, in denen wir lachen, obwohl wir eigentlich traurig sind. Dies ist völlig in Ordnung, denn jeder geht anders mit Trauer um.

Wenn du traurig bist, tut es gut, sich an den Verstorbenen zu erinnern. So bleibt er immer in deinem Herzen.

1. Welche dieser Dinge würden dir helfen?
2. Fallen dir noch mehr ein? Welche?

3. Häufig haben Menschen Angst auf Trauernde zuzugehen, weil sie nicht wissen, wie sie helfen können. Frag den Betroffenen doch einfach.

Der Seelenvogel

Tief, tief in uns wohnt die Seele.
Noch niemand hat sie gesehen,
aber jeder weiß, dass es sie gibt.
Und jeder weiß auch, was in ihr ist

In der Seele,
in ihrer Mitte,
steht ein Vogel
auf einem Bein.
Der Seelenvogel.
Und er fühlt alles,
was wir fühlen.

1. Wie stellst du dir den
   Seelenvogel vor?

Um Gedanken zu sortieren, kann man ein **Begriffsmolekül** bauen.
Ein Begriffsmolekül ist ähnlich wie ein Mindmap, nur anschaulicher.
Dazu benötigt ihr Styroporkugeln, Klebezettel und Holzspieße.
Zuerst baut ein Grundgestell aus drei Kugeln. An diesem befestigt ihr mit einem
Holzstab, die vierte Kugel, auf der die Überschrift „Seele" steht.
Alles, was euch zur Seele einfällt, wird auf Klebezettel geschrieben und an
den Styroporkugeln befestigt. Diese werden dann zu einem Molekül
zusammengebaut und sind auch im Nachhinein veränderbar.

2. Gestaltet zum Thema „Seele" ein Begriffsmolekül.

Ein Molekül ist ein Begriff aus den Naturwissenschaften. Er bezeichnet kleinste Be-
standteile der Körper.

Sicher wollt ihr auch wissen,
woraus der Seelenvogel besteht.
Das ist ganz einfach.
Er besteht aus Schubladen.
Und weil alles, was wir fühlen,
eine Schublade hat,
hat der Seelenvogel viele Schubladen.
Es gibt eine Schublade für Freude
und eine für Trauer.
Es gibt eine Schublade für Eifersucht
und eine für Hoffnung.
Es gibt eine Schublade für Enttäuschung
und eine für Verzweiflung.
Es gibt eine Schublade für Geduld
und eine für Ungeduld.
Auch für Hass und Wut und Versöhnung.
Eine Schublade für Faulheit und Leere
und eine Schublade für die
geheimsten Geheimnisse.
Diese Schublade wird fast nie geöffnet.
Es gibt auch noch andere Schubladen.
Ihr könnt selbst wählen, was drin sein soll.

1. Versuche den Bildern die Gefühle zuzuordnen.
   Woran hast du das erkannt?

2. Ihr könnt euch ein Memory herstellen. Auf der einen Hälfte der Kärtchen steht das
   Gefühl, auf der anderen der passende Seelenvogel.

Nicht jede Situation fühlt sich für jeden Menschen gleich an. So wie jeder Mensch anders aussieht, ist auch das Empfinden von Gefühlen unterschiedlich.

Manchen Situationen begegne ich offen und freundlich. Mir geht es gut. Und manchmal führen sie dazu, dass ich mich am liebsten zurückziehe und verkriechen würde.

1. Versuche die folgenden Situationen zu wichten.

2. Male dazu eine Schnecke mit Haus.
   Alle Situationen, bei denen du dich wohlfühlst, kommen in die Nähe des Kopfes. Dinge, bei denen es dir nicht so gut geht, sind beim Haus. Beachte dabei, dass keine zwei Sachen nebeneinander stehen können.

Situationen:

| mit den Eltern einen Spielnachmittag verbringen | ein freundlicher Blick der Lehrerin | Geschimpftes von Papa |

| Zeit haben | Hausarrest | eine Umarmung |

| allein zuhause sein | | gute Note bekommen |

| Geschimpftes von Mama | in den dunklen Keller gehen |

3. Sind alle Schnecken gleich? Begründe.

Mit dem Glücksauge sehen

Leonora überlegt laut: „Eigentlich bedarf es zum Glücklich-Sein keiner großen Geschenke, sondern nur des richtigen Blicks, der uns bewusst macht, wie viele glückliche Momente wir jeden Tag erleben."

Annalena: „Wie meinst du das?"

Leonora: „Zum Beispiel macht mich eine schöne Tasse Kakao oder ein Kuschelnachmittag mit Mama glücklich."

Annalena: „Du meinst ich sollte glücklich sein, wenn ich zum Beispiel einen Regenbogen sehe?"

Leonora: „Genau. Zum glücklich Sein brauchst du nur die richtigen Sensoren, einen geschärften Blick, gute Antennen und manchmal einen Augenblick Zeit.

Annalena: „Du meinst also so etwas wie ein Glücksauge?

„Genau", entgegnet Leonora „meistens merkt man erst, wie es einem geht, wenn man es nicht mehr hat. Das ist schade!"

1. Gestalte ein Glücksauge, überlege was es unbedingt haben sollte, um das kleine Glück zu sehen.

2. Nutze deine Augen und sammle bewusst Glücksmomente.

Es gibt viele Kalender mit Weisheiten und Sprüchen zum Thema „Glück".

Glück ist ... sich von der Sonne die Nase kitzeln zu lassen ...

Liebesglück

Ein Glückspilz

Das Glück dieser Erde liegt auf dem Rücken der Pferde.

1. Ist „Glück haben" und „Glücklich-Sein" das Gleiche? Begründe.

Der Wunsch aller Wünsche

Erinnerst du dich noch an die Geschichte von Michael Ende nmit den drei Zauberern – Herrn Borstenbinder, Herrn Siebenzylinder und Herrn Wasdunichtmeinst. Zum Abschied erfüllten sie den Kindern den Wunsch, dass sich ab jetzt all ihre Wünsche erfüllen.

So geht die Geschichte weiter:

Da war schon ein Jahr so gegangen
Und der Zauber hielt immer noch an!
Die Kinder begannen zu bangen,
denn kann man stets alles erlangen, verliert man die Freude daran.
Und sie wünschten sich weniger Tag für Tag:
Alles kriegen ist unausstehlich!
Und wenn einer sich gar nichts mehr wünschen mag,
dann macht ihn auch gar nichts mehr fröhlich.
Die Kinder saßen mit traurigem Blick
unter all ihren Schätzen – im Missgeschick.
Das glaubst du wohl nicht?

1. Welche 10 Wünsche fallen dir heute sofort ein?
2. Manche Kinder bekommen alle ihre Wünsche von den Eltern und Großeltern erfüllt. Sind sie glücklicher als andere Kinder? Begründe.

Da schickten sie Fährtenfinder
in die weite Welt hinein,
zu suchen Herrn Borstenbinder
und den andern, Herrn Siebenzylinder
und Herrn Wasdunichtmeinst
obendrein,
und sie sollten bestellen: „Nehmts
wieder dies Glück!
Unsre Freude ist dadurch
verschwunden."
Doch die Boten sie kamen einzeln
zurück,
hatten nirgends die dreie gefunden.

Da klagten die Kinder: „Dass Gott uns erlös'!"
Und jetzt wissen wir's erst: Die drei waren bös!"
Das denkst du doch auch?

Und Verzweiflung beschlich sie im Stillen.
Da ergriff eins der kleinsten das Wort:
„Wenn sich all unsre Wünsche erfüllen,
dann wünschen wir einfach mit Willen
die Wünsche-Erfüllung fort!"
Sie befolgten den Rat und von Stund an war
wieder spannend das Leben und heiter.
Die Kinder war'n froh wie vor Tag und Jahr
Und vielleicht gar ein wenig gescheiter.

1. Kannst du verstehen, warum durch dieses Glück die Freude der Kinder
   verschwand?

2. Nur eine Sache wüsst' ich noch gern:
   Waren gut oder böse die drei seltsamen Herrn?
   Sag, was meinst du? Begründe.

Der Märchenprinz

Komp./Text: G. Schöne

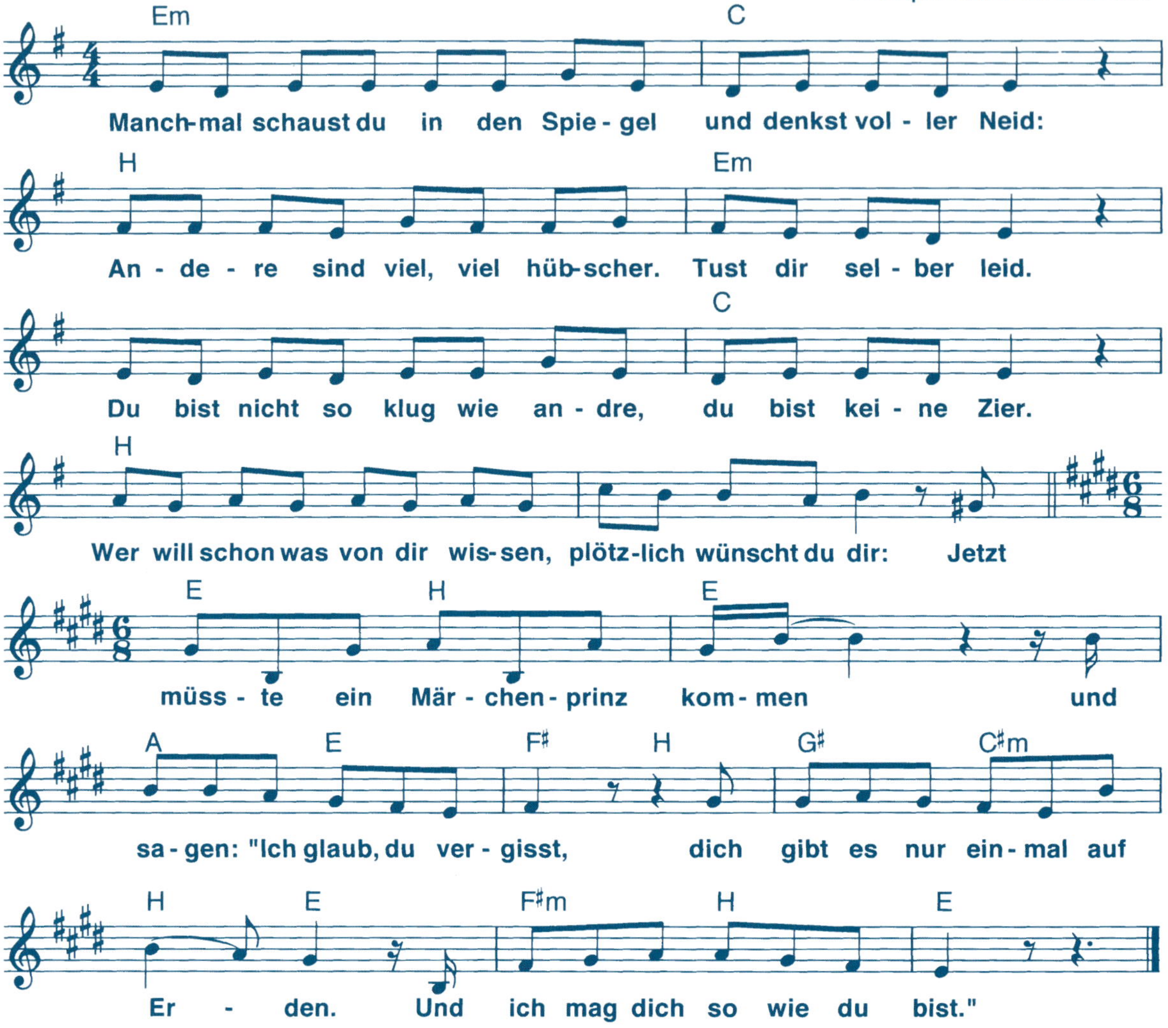
Em
C
Manch-mal schaust du in den Spie - gel und denkst vol - ler Neid:
H
Em
An - de - re sind viel, viel hüb-scher. Tust dir sel - ber leid.
C
Du bist nicht so klug wie an - dre, du bist kei - ne Zier.
H
Wer will schon was von dir wis-sen, plötz-lich wünscht du dir: Jetzt
E
H
E
müss - te ein Mär - chen - prinz kom - men und
A
E
F♯
H
G♯
C♯m
sa - gen: "Ich glaub, du ver - gisst, dich gibt es nur ein - mal auf
H
E
F♯m
H
E
Er - den. Und ich mag dich so wie du bist."

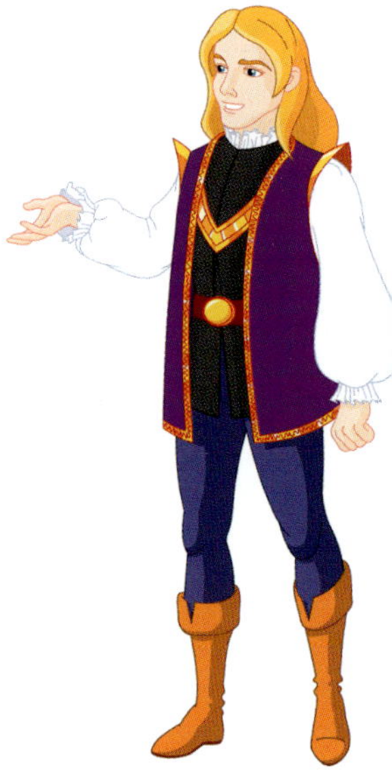

Es gibt 'nen Lehrer in der Schule, bei dem bist du schlecht.
Der hat seine Lieblingsschüler – das ist nicht gerecht.
Mitten in der Stunde kaut er und verlangt von dir,
dass du still sitzt und nicht rausschaust – plötzlich wünschst du dir:

1. In welcher Situation hättest du schon einmal einen Märchenprinzen gebraucht?

Keiner, der's nicht selber erlebt hat, weiß, wie schwer das ist,
wenn sich Eltern nicht mehr lieben, und wenn du dazwischen bist.
Dabei liebst du sie doch beide, willst sie beide hier.
Doch sie woll'n sich scheiden lassen – plötzlich wünschst du dir:

Manchmal hast du Sorgen um den Frieden in der Welt.
Wieder haben Menschen neue Bomben hergestellt.
Dabei wünscht sich doch die Menschheit Frieden Jahr um Jahr.
Hass und Misstrau'n müssen enden, sonst wächst die Gefahr!

Wenn der Märchenprinz erschiene, das wär wunderbar.
Doch du weißt es selber, der macht sich leider rar.
Dauernd muss man ihn vertreten, der scheint sich auszuruh'n.
Man muss selbst nach Wegen suchen, selber etwas tun.

1. Bastel dir aus Tonpapier eine Krone. Verziere sie reichlich.

2. Stell dir vor, du wärst jetzt der Prinz. Wie könntest du bei den einzelnen Sorgen helfen?

3. Suche dir Partner. Wählt eine Situation aus und spielt sie mit Lösung der Gruppe vor.

Ich bin ein Teil von euch

Alles Familie

Wenn alle über ihre Familie reden, wird Benedikt ganz ruhig. Bei ihm ist es nämlich etwas unübersichtlich, findet er. Viele seiner Freunde haben eine Mutter und einen Vater oder leben nur bei einem von beiden. Benedikt wechselt jede Woche. Die ungeraden Wochen lebt er bei Papa, die geraden bei Mama. Bei beiden gibt es neue Familienmitglieder.

Legende: roter ➔ = direkt verwandt   blauer ➔ = stief verwandt
grüner ➔ = halb verwandt

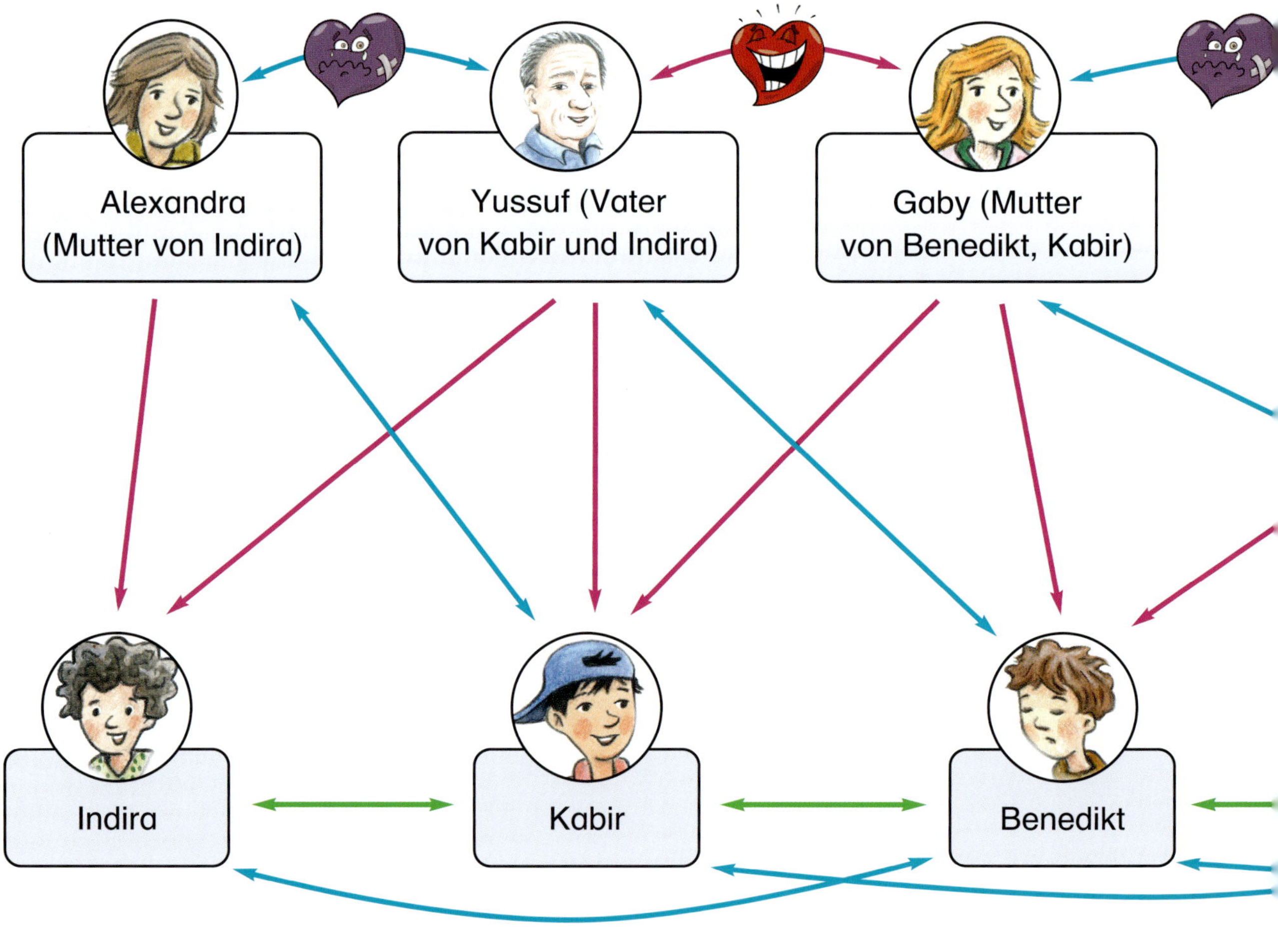

Alexandra (Mutter von Indira)

Yussuf (Vater von Kabir und Indira)

Gaby (Mutter von Benedikt, Kabir)

Indira

Kabir

Benedikt

1. Kannst du solch eine Übersicht auch für deine Familie erstellen? Wenn es zu kompliziert wird, lass dir zu Hause helfen.

Benedikt ist also nicht nur Sohn, sondern auch Stiefsohn, Bruder, Halbbruder und Stiefbruder.

Es ist für ihn nicht immer leicht, mit allen klar zu kommen. Alle haben verschiedene Erwartungen und Wünsche an ihn. Meistens läuft alles ganz ruhig und es geht ihm gut. Manchmal aber streitet er sich mit Yussuf, dann wäre er lieber gleich bei Papa. Wenn er krank ist, hilft am besten Kuscheln mit Mama, egal zu welcher Zeit. Benedikt liebt die Plätzchen von Silvia. Sie kann viel besser backen als Mama. Aber das traut er sich nicht zu sagen, schließlich möchte er Mama nicht weh tun.

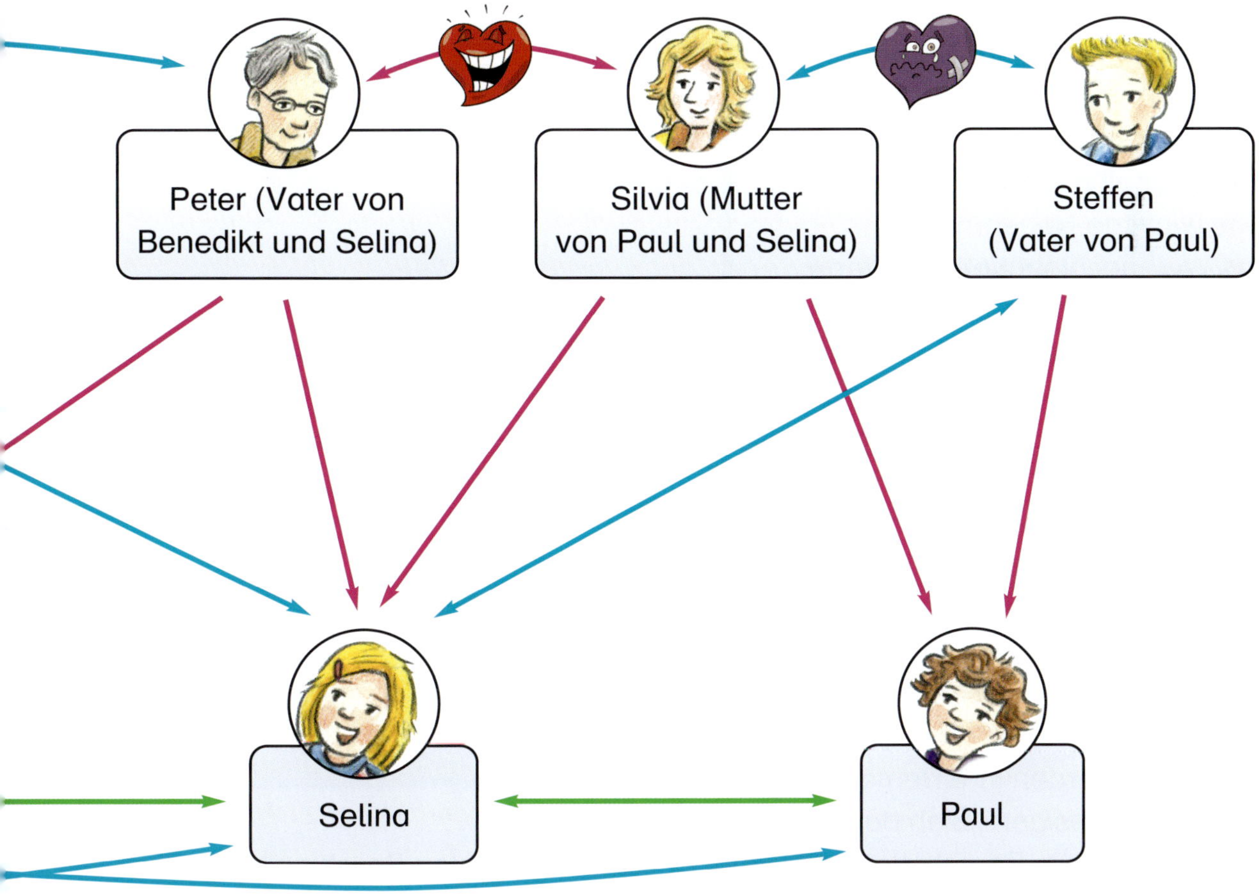

| Peter (Vater von Benedikt und Selina) | Silvia (Mutter von Paul und Selina) | Steffen (Vater von Paul) |

Selina

Paul

1. Mit wem bist du in deiner Familie gern zusammen und warum?
2. Was machst du, wenn du mit einem Familienmitglied in Streit gerätst?

Solche Familien wie bei Benedikt nennt man auch Patchwork-Familien. Patchwork kommt aus dem Englischen und heißt übersetzt: Flickwerk.

Sarahs Entscheidung

Sarah wusste, dass es schwierig ist, eine gute Tänzerin zu werden. Trotzdem übte sie für ihren Traum dreimal in der Woche. Aber ausgerechnet Isabella, ihre beste Freundin, hatte jetzt, kurz vor dem Vortanzen, kein Verständnis für sie.
Dieser Tanzwettbewerb entschied über die Aufnahme in das Kinderballett des Theaters.
Sarah kam Runde für Runde weiter. „Ist doch klar", sagte Isabella, „schließlich bist du auch sensationell gut." Und als Sarah eine wichtige Nebenrolle für das Weihnachtsballett ergatterte, feierten sie gemeinsam.
Doch jetzt musste sie täglich zwei Stunden nach der Schule trainieren – da blieb nicht mehr viel Zeit für ihre Freundin. Am Anfang zeigte Isabella noch Verständnis und sagte: „Schließlich wissen ja alle, dass ich deine Freundin bin – und du sollst mich ja nicht blamieren", und zwinkerte Sarah zu.
Doch bald wurden ihre Bemerkungen gehässiger: „Sieh da, da

kommt ja unsere Primaballerina." Diese Bemerkungen taten Sarah sehr weh, aber sie wusste nicht, was sie tun sollte. Ihre Mutter riet ihr, mit Isabella zu reden, schließlich sei sie ihre beste Freundin und wird schon verstehen.

1. Wie würdest du mit Isabella reden? Schreibe einen Dialog.

Aber Isabella tat einfach so als sei nichts gewesen, als Sarah sie auf die Verletzungen ansprach. „Aber wir sind doch Freundinnen, oder nicht?" fragte Sarah verunsichert.

„Keine Ahnung! Wir machen ja nie mehr etwas zusammen", giftete Isabella.

Als Sarah ihrer Mutter von dem Gespräch erzählte, nahm diese sie tröstend in den Arm. „Es ist leider so, dass wir manchmal Freunde verlieren. Das tut sehr weh, aber man kann es nicht immer ändern."

„Wenn ich aber auf das Weihnachtsballett verzichte, könnte ich sie wieder als Freundin haben", sagte Sarah.

1. Warum reagiert Isabella so?
2. Wie könnte die Geschichte zu Ende gehen?

3. Spiele ein mögliches Ende mit einem Partner der Gruppe vor.

Freundschaftsbilder

 1. Sind das alles Freundschaften? Begründe.

 2. Anteilnehmende Freundschaft macht das Glück strahlender und erleichtert das Unglück. (Cicero)

 Marcus Tullius Cicero war ein bedeutender Philosoph in der Antike.

Der Baum der Freundschaft

Konrad kommt traurig aus der Schultür. Heute hat er sich mal wieder besonders mit seinem Freund Arvid gestritten. Genau vor sein Schienbein hat Arvid ihn absichtlich beim Fußball getreten, so dass es ganz blau ist und immer noch weh tut. Zum Glück holt ihn heute Opa mit dem Auto ab. Nach dem Kaffeetrinken nimmt Opa Konrad mit in den Garten. Er hat einen kleinen Ginkobaum gekauft, den er noch pflanzen will. Konrad soll ihm dabei helfen.

Während des Pflanzens erklärt Opa, dass es mit der Freundschaft ist wie mit einem Baum.

Zuerst ist sie klein und zerbrechlich. Doch mit der richtigen Pflege wird aus dem kleinen Bäumchen ein großer starker Baum, der so manchen Sturm übersteht.

1. Was benötigt ein Baum zum Wachsen? Was ist für Freundschaft wichtig, damit sie wächst?

2. Gestalte aus allen Wörtern, die eine gute Freundschaft ausmachen, ein Bildgedicht in Form eines Baumes.

Weißt du nicht mehr, wie das geht, sie dir das Beispiel zum „Regenbogen" an.

31

Norbert Nackendick

In einer weiten afrikanischen Steppe, in der Nähe eines Schlammtümpels, lebte einmal ein Nashorn namens Norbert Nackendick. Er war ein äußerst misstrauisches und streitsüchtiges Nashorn und nahezu unangreifbar.
Links und rechts, vorn und hinten, oben und unten, also an jeder Stelle seines umfangreichen Körpers hatte er eine Panzerplatte. Außerdem besaß er sogar zwei Hörner, die spitz und scharf wie Türkensäbel waren.
Alle Tiere hatten vor ihm Angst, denn sobald man sich ihm näherte kam er wutentbrannt daher gebraust, trampelte alles zusammen und schrie, man hätte ihn angegriffen. So konnten die anderen Tiere nur noch unter Lebensgefahr ihren Durst am Wassertümpel stillen.
„Man tut gut daran", so pflegte er zu sich selbst zu sagen, „in jedem anderen einen Feind zu sehen, dann erlebt man jedenfalls keine unliebsamen Überraschungen. Der einzige, auf den ich mich verlassen kann, bin ich selbst. Das ist meine Philosophie."

1. Könntest du dir vorstellen, mit Norbert zusammen zu leben? Warum?
2. Kennst du jemanden, der Norbert Nackendick ähnlich ist? Wie verhältst du dich ihm gegenüber? Begründe.

Weil die Tiere es nicht mehr mit Norbert aushielten, versammelten sie sich und berieten, was zu tun sei. Jeder konnte Vorschläge machen.

Professor Eusebius
Schlammbohrer

Bertold Borstig

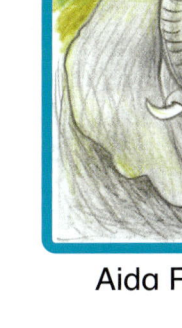

Aida Rüsselzart

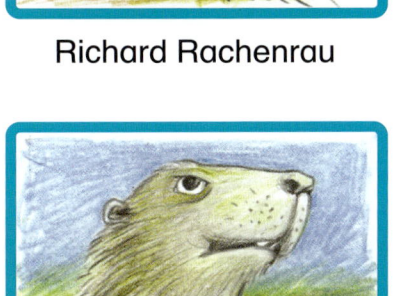

Richard Rachenrau

Dolores Immerscheu

Gretchen Grausig

1. Wie schätzt du die verschiedenen Tiere ein? Trage Charaktereigenschaften zusammen.
2. Welche Vorschläge werden sie wohl machen?

3. Spielt die Versammlung nach. Gibt es eine Lösung, auf die ihr euch alle einigen könnt?

Herkules Hupf

Konflikttypen

Wie die Tiere bei ihrem Konflikt mit Norbert Nackendick verschiedene Lösungen hatten, gibt es zu jedem Konflikt mehrere Arten damit umzugehen. Damit werden unterschiedliche Ziele verfolgt. Den einen ist es wichtig, die sozialen Beziehungen zu erhalten, andere wollen vor allem ihre eigenen Interessen durchsetzen.

Erhalt der Beziehungen

Vermeiden

Gemeinsames Problemlösen

Nachgeben

Durchsetzen

Erreichung der eigenen Ziele

1. Welche Eigenschaften schreibst du den Tieren zu?
2. Welches Tier ist dir bei der Konfliktlösung am ähnlichsten?

Zuhören will gelernt sein

Versucht einmal dieses Spiel:

richtig zuhören....

5–6 Kinder verlassen kurz den Raum.
Alle verbleibenden einigen sich auf eine Geschichte, die passiert ist.
Nun holt das erste Kind wieder rein und erzählt ihm die Geschichte.
Dann wird das nächste Kind geholt. Diesmal erzählt das erste Kind, das
draußen war, was passierte. Kind 2 erzählt es Kind 3 und immer so weiter.

1. Was konntet ihr beobachten?

Von Giraffen und Wölfen

Merkmale der Giraffensprache	**Merkmale der Wolfssprache**

- Ich sage dem Anderen, was mich stört ohne ihn zu beleidigen.

- Ich sage, was ich fühle.

- Ich sage deutlich, was ich wünsche. Ich formuliere eine Bitte oder einen Wunsch.

- Ich tue dem Anderen mit meinen Worten weh.

- Ich sage etwas Schlechtes über den Anderen.

- Ich lasse dem Anderen mit meinen Worten keine Wahl.

- Ich rede voller Wut und suche Streit.

1. Erinnere dich an die Giraffen- und die Wolfssprache. Wann hast du sie das letzte Mal bewusst verwendet? Wie hat sie gewirkt?

Antonio sieht in der Pause Lukas mit einem neuen DS-Spiel. Antonio kennt dieses Spiel noch nicht und würde gern auch damit spielen.

Jessica ruft in der Mathematikstunde auf die Frag der Lehrerin die Lösung dazwischen ohne aufgerufen zu sein. Nathalie ärgert sich und kritisiert dieses Verhalten.

Beim Zweifelderball im Sportunterricht versucht Jacob alle Bälle allein zu fangen. Nie gibt er ihn an seine Mitspieler ab. Kevin ärgert sich darüber, da er ein guter Werfer ist.

1. Wie verlaufen die Gespräche in Wolfs- und Giraffensprache? Achtet darauf, die Merkmale einzuhalten.

Wie es in den Wald hineinruft, so schallt es zurück. (Sprichwort)

37

Die Goldene Regel

Viele Menschen haben sich Gedanken gemacht, wie es uns gelingen kann, dass wir gut miteinander auskommen. Dafür müsste ein Jeder bestimmte Verhaltensweisen einhalten. Eine Regel, die es seit vielen Jahrhunderten und in vielen Kulturen und Religionen gibt ist die Goldene Regel.
Du kennst sie sicher auch als das Sprichwort:

> Was du nicht willst, das man dir tu, das füg auch keinem Anderen zu.

So hat zum Beispiel Konfuzius, eine weiser asiatischer Gelehrter vor über 2.500 Jahren bereits gesagt:
„Tue Anderen nicht, was du nicht möchtest,
das sie dir tun."

Sokrates, einer der bekanntesten griechischen Philosophen, sagte etwa zur gleichen Zeit:
„Tue Anderen nicht an, was dich ärgern würde,
wenn Andere es dir täten."

In den drei großen Weltreligionen findest du zum Beispiel die folgenden Formulierungen:

> **Christentum:** Alles was ihr euch von den Menschen erwartet, das tut ihnen auch.
> **Judentum:** Was du nicht leiden magst, das tue niemandem an.
> **Islam:** Keiner von euch ist ein Gläubiger, solange er nicht das für seinen Bruder wünscht, was er für sich selbst gewünscht hätte.

1. Welche Formulierung gefällt dir am besten?
2. Warum heißt sie wohl „Goldene Regel"?

Karolin und die Goldene Regel

Karolin sitzt in der Schule neben Lydia. Eigentlich findet sie diese ganz nett, aber an manchen Tagen fällt ihr das sehr schwer.

Lydia sucht sich gern ein Kind aus, welches sie dann den ganzen Tag ärgert. Dann versteckt sie die Federmappe oder die Jacke, wirft die Sachen des Anderen runter und beschimpft das Kind.

Karolin überlegt, wie sie Lydia von der Goldenen Regel erzählen kann.

1. Welche Argumente sprechen für die Einhaltung der Goldenen Regel?
2. Welche Argumente sprechen dagegen?
3. Wie kann Karolin Lydia kritisieren ohne sie zu verletzen?

4. Kannst du immer die Goldene Regel einhalten? Begründe.

Geheimnisse

Die Blätterhöhle dort unterm Dach
Oder die Kiste unter dem Dach
Der Bäcker, der uns heimlich Teigreste gibt
Und Monika, die ihren Markus soo liebt.

Psst, sag es nicht weiter, behalt es für dich!
Ein gutes Geheimnis verrät man nicht!
Ein gutes Geheimnis kribbelt im Bauch
Und Spaß machen tut es auch.

Doch wenn ein Geheimnis nur Kummer bringt
Und dir das Fröhlichsein nicht gelingt
Dann such dir Jemand, der dich gut versteht,
damit es dir wieder besser geht.

Lauf und sag es weiter, behalt nichts für dich!
Ein gutes Geheimnis ist das nicht!
Ein schlechtes Geheimnis drückt nur im Bauch
Und traurig machen tut es auch.

Kinder, gebt eurer Tante Else einen Kuss.

1. Kennst du gute und schlechte Geheimnisse? Erzähle.
2. Fühlen diese sich unterschiedlich an? Warum?

40

Anna spielt gern mit David in seinem Zimmer. Dort können sie gut bauen, hüpfen und sich verstecken. Gestern haben sie „Ehepaar" gespielt. Eigentlich spielt Anna gern mit David, aber als sie „Ehepaar" gespielt haben, gefiel ihr es gar nicht wie David sie berührte. Nicht dass es ihr weh tat. Es war einfach nur unangenehm. Beim Abschied sagte David „Dass wir Ehepaar spielen, bleibt aber unser Geheimnis." und „Bis morgen." Nun weiß Anna gar nicht, ob sie sich auf Morgen freuen soll.

Die Höhle ist fertig! Da staunt ihr was?

1. Wie fühlt sich Anna mit dem Geheimnis?
2. Wenn Mama dir einen Gute-Nacht-Kuss gibt, sagt sie dann auch „Das ist unser Geheimnis"?
3. Warum verwendet David überhaupt das Wort Geheimnis?
4. Wie kannst du bei schlechten Geheimnissen und Gefühlen auf dich aufmerksam machen?

Wie die Schildkröte ihren Panzer bekam

Zeus lud alle Tiere zu seiner Hochzeit ein. Nur die Schildkröte kam nicht. Zeus konnte sich nicht erklären warum. Am nächsten Tag fragte er sie, warum sie nicht gekommen sei. „Es gibt keinen Ort, der so ist wie zu Hause", antwortete die Schildkröte – eine Antwort, die Zeus so ärgerte, dass er dafür sorgte, dass sie von nun an ihr Haus auf dem Rücken tragen musste.

1. „Es gibt keinen Ort, der so ist wie zu Hause" - Gibt es Gründe, Argumente, die das Verhalten der Schildkröte erklären?
2. Warum ist Zeus, der größte griechische Gott, verärgert?
3. Warst du auch schon einmal in der Situation der Schildkröte oder von Zeus? Erzähle davon.

Mit anderen Menschen zusammenleben, ist nicht immer einfach. Man muss Rücksicht nehmen, kann nicht immer alles tun, was man gerade möchte. Aus Respekt dem anderen gegenüber, muss man auf seine Bequemlichkeit verzichten. Damit wir besser zusammenleben können, haben wir entschieden, dass alle Menschen

am besten:

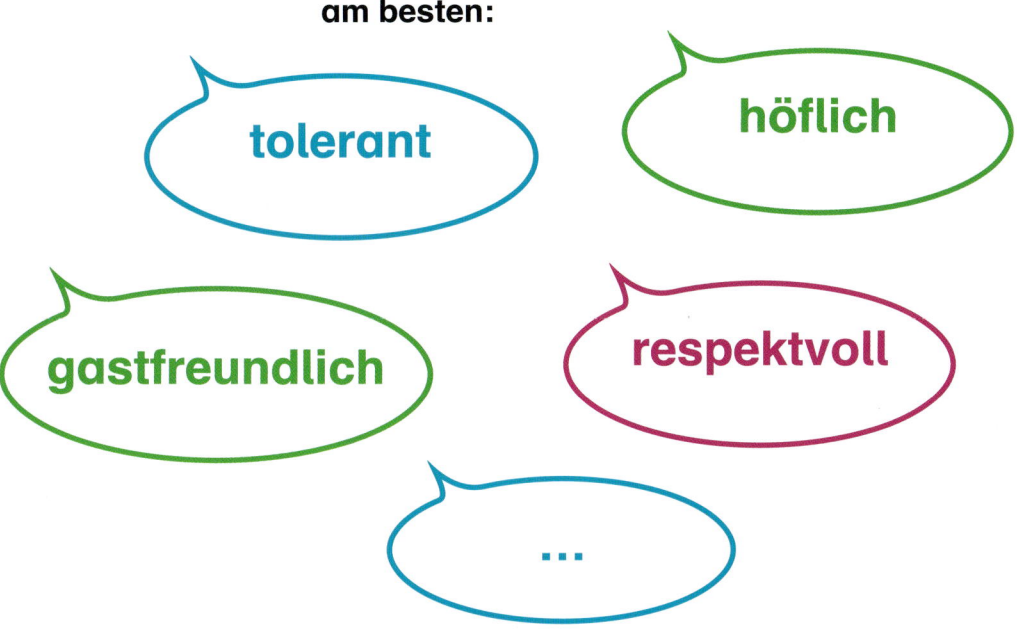

tolerant

höflich

gastfreundlich

respektvoll

...

miteinander umgehen sollten.

Aber wie macht man das?

Wer sagt einem, wann man so sein sollte?

Und muss man wirklich immer so sein?

1. Welche Regeln kennst du für das Zusammenleben der Menschen?
2. Sind sie für alle einheitlich?
3. Was glaubst du, wäre die Schildkröte gekommen, wenn sie gewusst hätte, dass Zeus sie bestrafen wird?
4. Brauchen wir Strafen, damit wir freundlich und respektvoll miteinander umgehen? Erinnert euch auch an die Goldene Regel.

Leben mit einem Handicap

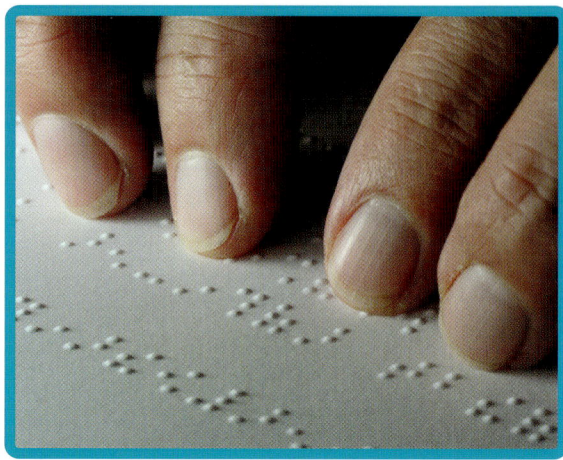
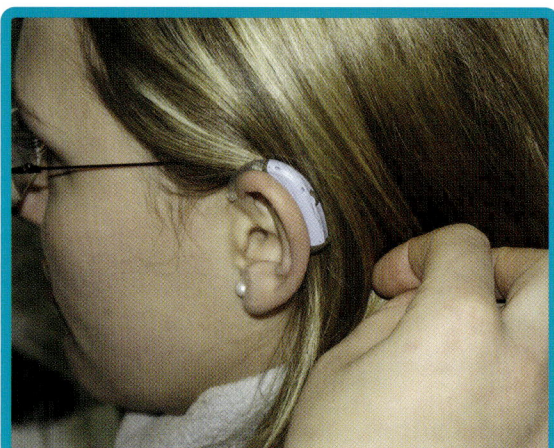

1. Wozu dienen diese Dinge?
2. Schaut euch in eurer Umgebung nach solchen Hilfsmitteln um.

Dominik sieht an der Bushaltestelle einen blinden Jungen stehen.
In der Schule haben sie erst neulich darüber gesprochen, dass man mit solchen Menschen besonders rücksichtsvoll umgehen sollte. Deshalb greift er ihm, als der Bus kommt unter den Arm und zieht ihn mit in den Bus.
Der Junge erschrickt und regt sich furchtbar auf.
„Was bildest du dir ein. Sehe ich etwa so aus als könnte ich nicht mal
Bus fahren?"
Das hat Dominik nicht erwartet. Eigentlich wollte er doch nur helfen. Unsicher murmelt er nur „Tschuldigung!" und drängt sich auf den nächsten freien Platz.
Der blinde Junge fragt die Frau vor ihm, ob er bitte vorbei könne und setzt sich neben Dominik.
„Das war eben nicht so gemeint. Aber mich macht es richtig wütend, wenn immer alle denken, ich sei völlig hilflos."
Während der Busfahrt kommen beide ins Gespräch und Dominik erfährt, dass Fabian nur zwei Straßen weiter in einem Behindertenwohnheim wohnt.
Nur am Wochenende fährt er nach Hause, denn in seinem kleinen Dorf gibt es keine Schule für Sehbehinderte.
Er lädt Dominik zum nächsten Grillabend ins Wohnheim ein. Dann kann er mal erleben, wie Fabian lebt.

Sehender Schüler bekommt die Blindenschrift (Braille) von einer blinden Frau gezeigt und erklärt.

1. Wie hat Fabian den Platz neben Dominik gefunden? Woher wusste er, dass er an einer Frau vorbei musste?
2. Welche Unterschiede wird es wohl im Haushalt von Fabian und Dominik geben?
3. Besucht selbst eine Behindertenwerkstatt oder -schule.

Wir alle sind Kinder

Wir lernen eine Kirche kennen

Eine Kirche nennt man auch „Gotteshaus".
Hier feiern die Christen ihre Gottesdienste.
Christen sind alle Menschen, die an Gott und
seinen Sohn Jesus glauben. Das Christentum
ist eine der größten Weltreligionen, da viele
Menschen auf der ganzen Welt dazugehören.
Meist erkennt man eine Kirche schon von Weitem
an ihrem Glockenturm. Die Glocke ruft zum
Gottesdienst, sie erklingt bei Taufen, Hochzeiten
und Beerdigung oder sie läutet Sonntage und
Feiertage ein.

Die Fenster einer Kirche sind etwas ganz
Besonderes. Sie sind oft aus buntem Glas.
Sie haben wunderschöne Muster, sie zeigen
wichtige Personen aus der Geschichte des
Christentums oder sie erzählen sogar richtige
Geschichten.

Wenn jemand getauft wird, wird das Taufbecken
mit Wasser gefüllt.
Die Taufe ist ein Sakrament, eine Handlung, die
das unsichtbare Wirken Gottes spürbar macht.
Wird ein Mensch getauft, gehört er zur Gemeinschaft
der Christen und wird ein Mitglied der Kirche.

Der wichtigste Gegenstand ist der Altar,
ein großer Tisch aus Holz oder Stein.

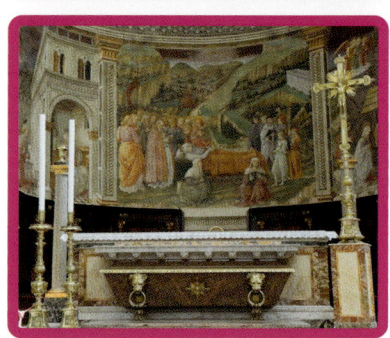

Auf dem Altar eine schön verzierte Altardecke, die Bibel, frische Blumen und Kerzen. Hier wird das Abendmahl bereitet. An die Gemeindemitglieder werden Brot du Wein verteilt. Damit bekennen sich die Christen zu Jesus Christus.
Das Kreuz ist das wichtigste Zeichen der Christen. Es erinnert an den Tod Jesu und daran, dass er nach seinem Tod wieder auferstanden ist.

Das heilige Buch der Christen ist die Bibel.
Sie erzählt von der Entstehung der Welt
und dem Leben Jesus von Nazareths, der auch
Jesus Christus genannt wird. Hieraus erfahren
die Christen, wie sie leben sollen.

Von der Kanzel aus liest der Pfarrer einen
Text aus der Bibel vor und hält eine Rede,
die Predigt.

In den meisten Kirchen gibt es ein Musik-
instrument – eine Kirchenorgel.
Man nennt sie auch die „Königin der Instrumente".

1. Warst du schon einmal in einer Kirche? Erzähle.
2. Aus welchem Anlass warst du in der Kirche?
3. Forscherauftrag: Es gibt zwei verschiedene Arten von christlichen Kirchen.
   Warum? Wie unterscheidest du beide?

Reformationstag

Die evangelische Kirche feiert am 31. Oktober das Gedenken an die Reformation. Das war eine Bewegung vor ungefähr 500 Jahren, die zur Teilung der christlichen Kirche führte. Ausgangspunkt war der Thesenanschlag des Mönches Martin Luther 1517 an die Schlosskirche von Wittenberg. Diese 95 Thesen (Sätze) waren Vorschläge, was in der Kirche verändert werden sollte, damit es den Menschen besser geht. Damit kritisierte Luther den Papst, so dass dieser eine Entschuldigung forderte. Das führte zu großen Diskussionen im ganzen Land. Viele Menschen waren der gleichen Meinung wie Luther. Sie wollten sich nicht mehr nach dem Papst richten, sondern nur noch nach der Bibel, dem Evangelium. Damit alle die Bibel auch lesen konnten, übersetzte Martin Luther sie erstmals aus dem Lateinischen in die deutsche Sprache.
Abgeleitet vom Evangelium nennen sich die Anhänger Luthers auch heute noch evangelisch und beten sogar in eigenen Kirchen.
Es gibt also die evangelischen Christen und die katholischen Christen.

Ein Kritikpunkt Martin Luthers war der Ablasshandel. Menschen, die Sünden (schlechte, verbotene Taten) begangen hatten, konnten sich gegen Geld wieder ein reines Gewissen verschaffen. Dafür bekamen sie einen Brief, den man Ablassbrief nannte. Das führte zu Unehrlichkeit und Armut. Außerdem dachten viele, mit ein bisschen Geld sind alle bösen Taten vergeben. Mit dem Geld wollte der Papst den Petersdom in Rom umbauen.

 1. Wie würde ein solcher Ablassbrief wohl heute in der Schule aussehen?

 Erneuerungen oder Umgestaltungen nennt man auch „Reformationen".

48

Martin Luther

Martin Luther wurde am 10. November 1483 in Eisleben geboren. Er war ein fleißiger Schüler. Er besuchte Schulen in Mansfeld, Magdeburg und Eisenach, anschließend studierte er in Erfurt Jura und Philosophie. Als bei einem Gewitter ein Blitz dicht neben ihm in den Boden fuhr, beschloss er, Mönch zu werden. Am 31. Oktober 1517 nagelt er seine 95 Thesen an die Schlosskirche zu Wittenberg. Darin klagte er den Ablasshandel an und erneuerte mit seinen Schriften die Kirche. Nicht alle fanden richtig, was er sagte. Einmal sollte Luther auf dem Reichstag zu Worms seine Lehre widerrufen. Er tat es aber nicht. Nach seiner Abreise aus Worms entführte man Luther auf die Wartburg, wo er viel allein war und zehn Monate unter dem Namen „Junker Jörg" lebte. In dieser Zeit

übersetzte er das Neue Testament der Bibel in die deutsche Sprache. Seitdem können alle die Bibel lesen. 1546 wurde Luther zur Klärung eines Streits nach Mansfeld gerufen. Er schlichtete den Streit und übernachtete bei seinem Freund, dem Stadtschreiber Albrecht, in Eisleben. Dort erlag er einer schweren Krankheit. Luther starb im Alter von 62 Jahren.

Die Wartburg in Eisenach und das Augustinerkloster in Erfurt

Luther sollte sich beim Papst und vor dem Kaiser entschuldigen und seine 95 Thesen zurücknehmen. Obwohl er wusste, welche Macht beide hatten, tat er dies nicht. Deshalb wurde er als „vogelfrei" erklärt. Das bedeutet, es gab kein Gesetz mehr, welches ihn schützte – jedermann hätte ihn ungestraft töten können.

 1. Wie hättest du an Luthers Stelle gehandelt?

 2. Sollte man sich immer der Meinung anderer anpassen, um Ärger zu vermeiden? Begründe.

49

Ein Neuer kommt

Vielleicht kennt ihr das: Ein neuer Schüler kommt in eure Klasse. Er spricht vielleicht nicht so gut deutsch, sieht anders aus, benimmt sich anders.
Wenn es gut geht, dann lernt er bald deutsch, spielt mit den anderen Jungen Fußball und findet Freunde.

Aber es sind nicht nur ein paar Schüler, die in Deutschland leben und deren Familien ihre Wurzeln im Ausland haben. Es sind mehr als 15 Millionen Menschen aus 200 verschiedenen Ländern.

Die erste große Gruppe der heute in Deutschland lebenden Ausländer kam vor etwa 50 Jahren in unser Land, um zu arbeiten. Diese „Gastarbeiter" wollten und sollten auf Zeit bleiben. Dann entschieden sich viele von ihnen für ein Leben in Deutschland.
Später kamen Menschen aus anderen Gründen nach Deutschland – zum Beispiel, weil sie aus ihrer Heimat fliehen mussten. Aus Mittel- und Osteuropa kamen viele Menschen nach Deutschland zurück, die vor Generationen zum Beispiel nach Russland ausgewandert waren.

Unser Leben hat sich dadurch verändert. Deutschland hat immer viele Einflüsse von außen aufgenommen. Die italienische Pizza, der China-Imbiss und der türkische Döner sind heute nicht mehr wegzudenken.

Ok Phansa

Tu-Uyen lebt mit ihren Eltern in Erfurt. Ihr Vater besitzt ein thailändisches Restaurant. Alle seine Angestellten sind Asiaten, die vor langer Zeit nach Deutschland eingewandert sind.

Sie leben zwar schon lange hier, haben aber eine andere Religion und andere Bräuche.

In Thailand, der Heimat von Tu-Uyens Vater, gibt es zum Beispiel die Asalaha-Puja. Das ist eine dreimonatige Fastenperiode, die eine besondere Zeit im buddhistischen Festkalender darstellt.

In der Regenzeit von Juli bis September ziehen sich die Mönche und Novizen zum Beten und Meditieren in die Klöster zurück, so wie Buddha es bestimmt hat. Während die Asalaha-Puja diese ruhige Periode der Einkehr besinnlich einleitet, klingt sie mit den Ok Phansa-Festivitäten fröhlich aus. Überall im Land finden jetzt Feierlichkeiten und Volksfeste statt. In Städten an Flüssen werden die berühmten Schlangenbootrennen ausgetragen, weil die Flüsse jetzt viel Wasser führen.

rechts: Die Mönche wandern durch die Straßen bekommen von den Gläubigen Essen und andere Spenden (Seife, Zahnbürste).

1. Fastenbräuche gibt es in vielen Religionen. Welche kennst du?

51

Lorenzo – Leben auf Mexikos größter Müllhalde

Mexiko-City ist die größte Stadt Mexikos. Dort leben 23 Millionen Menschen.

Mitten im Stadtteil Nezahualcóyotl ist die größte Müllhalde der Stadt zu finden. Sie ist 18 Kilometer lang, eingezäunt und wird streng bewacht. Dort lebt der neunjährige Lorenzo mit seinen beiden Geschwistern bei seiner Tante Teresa. Direkt neben dem Müllberg haust die Familie in einer kleinen Hütte. Aus Holzbrettern, Blechen und Plastikplanen, die sie im Müll gefunden haben, wurde die Behausung gebaut. Alles ist sehr klein und eng.

Aber im Müll finden sie immer etwas, was sie für die Hütte gebrauchen können. Aus Blechdosen entstehen Öllampen, aus Autoreifen werden Sandalen.

Sie haben nichts – außer dem Müll.

Lorenzo und seine Geschwister können nicht zur Schule gehen. Ihre Tante hat keine feste Arbeit und deshalb kein Geld. Es reicht nicht einmal, um die Kinder zu ernähren. Darum müssen alle Tag für Tag auf dem Müllberg nach verwertbarem Abfall suchen. Papier, Pappe, Bleche, Flaschen, Plastik-kanister, Drähte, Dosen und nicht zuletzt Essensreste sind „wertvolle Funde".

Alles, was die Kinder hier mit ihrer Tante sammeln, kann wieder verwendet werden oder wird an bestimmte Sammelstellen verkauft. Aber viel Geld bringt das nicht. Es reicht gerade für das Lebensnotwendige.

Unermüdlich kratzen und scharren sie mit ihrem Eisenhaken in den Abfallbergen herum. Mit bloßen Händen ist das Wühlen eine Qual. Der beißende Qualm schmerzt. Die Augen tränen. Und die Lunge kann man sich beinahe aus dem Leib husten. Es juckt und kratzt am ganzen Körper. Oftmals hat Lorenzo entzündete Hautausschläge. Aber das Geld reicht nie für eine Heilsalbe.

Manchmal haben sie sogar Glück und finden im Müll eine Hose, einen Rock oder ein T-Shirt. Die Sachen werden dann am Abend gewaschen und am nächsten Morgen zeigen sich Lorenzo und seine Geschwister stolz mit ihrem neuen Kleidungs-stück.

1. Vergleiche dein Leben mit Lorenzos.
2. Gibt es in Deutschland auch Armut? Nenne Beispiele.

Täglich sterben auf der Welt ungefähr 15.000 Kinder, nur weil ihre Eltern arm sind.

53

Kinder haben Rechte

Guten Morgen, liebes Kind!

Wie geht es dir heute?

Wenn du gesund und munter aufgewacht bist, hast du ein besseres Los gezogen als 32.000 Kinder unter fünf Jahren, die heute sterben werden. Wenn du Essen im Kühlschrank, Kleider am Leib, ein Dach über dem Kopf und einen Platz zum Schlafen hast, bist du reicher als 75 Prozent der Menschen dieser Erde. Wenn du den Hahn aufdrehen und die Dusche rauschen lassen kannst, darfst du im puren Luxus baden – denn zwei Milliarden Menschen haben keinen Zugang zu sauberem Wasser.

Wenn du ohne Angst vor Verfolgung in der Kirche beten kannst, hast du mehr Glück als drei Milliarden.

Wenn du noch nie in der Gefahr einer Schlacht, in der Einsamkeit der Gefangenschaft, im Todeskampf der Folter oder im Schraubstock des Hungers warst, geht es dir besser als 500 Millionen Menschen.

Wenn du Geld auf der Bank, in deiner Tasche oder im Sparschwein hast, gehörst du zu den privilegiertesten acht Prozent der Welt.

Wenn deine Eltern noch leben und immer noch verheiratet sind, bist du schon wahrlich eine Rarität. Und wenn du diesen Brief erhältst, bist du ein zweifacher Glückspilz: weil jemand an dich gedacht hat – und weil du nicht zu den zwei Milliarden Menschen gehörst, die nicht lesen können. 130 Millionen Kinder gehen nicht zur Schule. 250 Millionen Kinder arbeiten für Hungerlöhne. 500.000 werden als Soldaten missbraucht. Vielleicht wirst du fragen, warum so vielen Kindern Unrecht und Leid geschieht.

„Jedes Kind der Welt hat ein Recht auf Leben und Schutz, auf Gesundheit und Bildung und auf die Entfaltung seiner Persönlichkeit". Das hat die UNO schon vor zehn Jahren beschlossen. Aber in den meisten Ländern steht die UNO-Kinderrechtskonvention bis heute nur auf dem Papier. Zwei Staaten – die USA und Somalia – haben dieses Papier noch nicht einmal unterschrieben.

Der UN-Weltkindergipfel in New York [19.–21.9.2002] berät nun wieder, was eigentlich selbstverständlich sein sollte. „Kinder brauchen unsere besondere Fürsorge, weil sie unsere Zukunft sind!", sagt UNICEF-Botschafter Sir Peter Ustinov. Ich wünsche dir eine glückliche Zukunft, liebes Kind.

Herbert Kistler

1. Informiert euch über das Leben von anderen Kindern im Internet.

Der erste Weltkindergipfel fand vor über 20 Jahren in New York statt. Dort trafen sich zahlreiche Staats- und Regierungschefs, die einen Aktionsplan verabschiedeten, um die Lage der Kinder in dieser Welt zu verbessern. Diese Beschlüsse stehen in der UN-Kinderrechtskonvention. Diese Ziele wurden nur teilweise erreicht. Gründe dafür sind die wachsende Armut in der Welt, Kriege und die rasante Ausbreitung von AIDS.

Wir sind ein Teil der Welt

Die Wunder-Samen

Wenn wir „welch ein Wunder" raunen,
über neue Technik staunen,
über neueste Raketen,
die erreichen schon Planeten,
über Roboter, Computer
– wie viel er auch kann und tut er –,
sollten wir doch unterdessen
größere Wunder nicht vergessen,
gegen welche diese einem
unbedeutend fast erscheinen.

Nur ein Beispiel will ich nennen,
jenes, das wir alle kennen,
jenen winzig kleinen Samen,
aus dem Wunder kommen,
kamen.

Gräser, Kräuter und Getreide,
Blumen eine Augenweide,
blühend, duftend, bunt und bunter
und ob Wunder über Wunder,
Bäume, Blätter, Früchte tragend,
mächtig in den Himmel ragend.

 1. Warum ist das Leben ein Wunder?

 2. Suche dir einen Samen und lege ihn in
   eine Schale mit feuchter Watte. Stelle
   die Schale an einen hellen Ort und
   halte die Watte immer feucht.
   Nun kannst du beobachten, wie neues Leben entsteht.

Alles ruht in dieser Fülle
In des Samens zarter Hülle.
Und dem Samen ist gegeben
Jenes größte Wunder Leben,
Jene wundersame Kraft,
Die, erschaffen selbst, neu schafft.

Helmut Zöpfl

Erdöl

In der Zeit als die Erde noch wackelte und bebte,
in der Zeit als noch kein Dinosaurier lebte,
lange bevor man den Computer erfand,
entstand auf dem Meeresgrund aus Sand,
Salz und Wasser und winzig kleinen
Meerestieren zwischen den Steinen,
ein Öl, voll interessant,
das haben wir später Erdöl genannt.

Erdöl, Erdöl – der Sirup der Welt,
der das Großstadtleben zusammen hält,
die Maschinen in Bewegung setzt,
Heizöl, Plastik – und nicht zuletzt
wird daraus Benzin gemacht –
wir fahren damit durch die Nacht.

Ja, man kann es für ganz tolle Sachen benutzen,
man kann damit kräftig die Umwelt verschmutzen.
Schwarz, braun, gelblich, verbrennt mit viel Rauch,
wir haben 'nen riesigen Erdölverbrauch.
Tausend Sachen und noch mehr
Stellen wir heute aus Erdöl her.
Es fällt uns schwer damit herum zu geizen,
schon deshalb, weil wir damit unsere Zimmer heizen.

Doch im Jahr 3000, das ist klar,
ist nicht mehr sehr viel Erdöl da.
Genauer gesagt, dann ist es alle
Und dann sitzen wir in der Erdölfalle.
Vielleicht steht dann noch 'ne Flasche rum,
vergessen im Regal.
Im Museum für Benzin
Und darauf steht: „Es war einmal"

1. Sammelt Gegenstände, die aus Erdöl hergestellt sind. Gestaltet eine Ausstellung.

NawaRo

NawaRo, das heißt so viel wie „nachwachsende Rohstoffe". Rohstoffe wie Stärke, Zucker, Öle, Fasern oder Holz mit denen man bauen oder heizen kann. Sie alle werden aus Pflanzen gewonnen, die immer wieder nachwachsen. Pflanzen für nachwachsende Rohstoffe sind zum Beispiel: Mais, Raps, Hanf, Sonnenblumen oder Kartoffeln. Daraus kann man dann Kleider, Teller, Folien, Spielsachen, Farben, Besteck, Autoverkleidungen, Schmierstoffe und Biodiesel herstellen. Ja, und Erdöl wird eingespart. Denn Erdöl wächst nicht nach und irgendwann sind die Reserven leer und nichts geht mehr.

oben: Beutel aus biologisch abbaubarer Maisstärke

links: Schal aus Bambus-Seide

rechts: Wolle aus Hanffasern

1. Halte die Augen offen! Suche Verpackungen aus NawaRo!

59

Der Baum

1. Wie wirkt der Baum?
2. Woran erkennst du, wie es dem Baum geht?
3. Stell dir vor, das ist deine Schulklasse auf einer Exkursion zum letzten Baum in der ganzen Stadt. Könnte dies wahr werden? Begründe.

Vulkane

Vulkane sind ein faszinierendes aber auch bedrohliches Naturphänomen. Sie bieten bei einem Ausbruch einen beeindruckenden Anblick, bringen aber auch große Gefahren für Menschen, die in der Nähe des Vulkans leben, mit sich. Vulkanausbrüche machen den Boden sehr fruchtbar. Deshalb entstanden gerade rings um Vulkane viele Siedlungen, deren Bewohner bei einem Ausbruch gefährdet werden.

Vulkane können in zwei große Gruppen unterteilt werden. Zum einen gibt es die **Schildvulkane**, die eher flach sind aber eine große Fläche haben und zum anderen **Schichtvulkane**. Die häufigsten Vulkane sind Schichtvulkane, von denen sich der größte Teil jedoch auf dem Meeresgrund befindet. Schildvulkane entstehen an Orten, an denen sich zwei Erdplatten auseinander bewegen, einen Freiraum bilden und somit dem Magma die Möglichkeit geben, an die Erdoberfläche zu steigen.

Die Schichtvulkane sind die bekannteren Vulkane, da diese vorwiegend sichtbar an der Erdoberfläche entstehen und größere Höhen erreichen. Schichtvulkane entstehen an Orten, an denen sich zwei Erdplatten aufeinander zu bewegen. Schiebt sich eine Erdplatte unter eine andere, so kann auch hier Magma an die Oberfläche dringen und zu einem Ausbruch führen.

Der 1666 Meter hohe Gletscher Eyjafjallajökull in Island ist 2010 ausgebrochen.

1. Welche Gefahren birgt der Vulkan?
2. Wo findest du auf der Weltkarte bekannte Vulkane?

Weißt du, was dem Klima nützt?

Für uns Menschen hat der Klimawandel dramatische Folgen. Schmilzt der Nordpol, entstehen unglaubliche Mengen Schmelzwasser. Dadurch steigt der Meeresspiegel an. Dies wiederum bedroht zahlreiche Küsten und Städte. Kleine Inselstaaten könnten im Meer versinken. Zugleich führt der Klimawandel dazu, dass es in vielen Regionen der Erde weniger regnet. Ernten gehen verloren. Böden werden unfruchtbar. Wüsten dehnen sich aus. Als Folge könnten viele Millionen Menschen ihre Heimat verlieren.

Zudem wirkt der Klimawandel auf unsere Gesundheit. So können sich ansteckende Krankheiten ausbreiten, befürchtet die **Weltgesundheitsorganisation**. Wie dem Eisbären geht es auch vielen anderen Tier- und Pflanzenarten. Ihr Lebensraum verändert sich mit dem Klima. Viele können jedoch mit dem Wandel nicht Schritt halten. Sie drohen daher auszusterben. Auch dies gefährdet die Ernährung der Weltbevölkerung.

Wer verursacht den Klimawandel?
Hauptverursacher sind die Menschen, vor allem in den Industriestaaten.

So viel Treibhausgas verbraucht jeweils ein:

1 Inder = 1 Tonne

1 Europäer = 11 Tonnen

1 US-Bürger = 20 Tonnen

Wenn du die Hauptverursacher-Länder vergleichst, entsteht folgendes Bild:

- USA 21,82 %
- China 17,94 %
- Russland 5,75 %
- Japan 4,57 %
- Indien 4,15 %
- Deutschland 3,19 %
- Kanada 2,07 %
- Großbritannien 2,02 %
- Italien 1,74 %
- Südkorea 1,74 %

1. Welche anderen Tiere und Pflanzen kennst du, die durch den Klimawandel bereits heute beeinflusst sind?
2. Gibt es auch für den Menschen bereits spürbare Auswirkungen?

Die Hauptquelle aller Treibhaus-
emissionen in Deutschland ist
der hohe Energieverbrauch.

**Lässt sich der Klimawandel
noch stoppen?**
Experten sind sich einig:
Die schlimmsten Folgen des
Klimawandels lassen sich noch
vermeiden, wenn die Durch-
schnittstemperatur auf der Erde
um nicht mehr als maximal 2 Grad
Celsius steigt. Und zwar im Vergleich
zur vorindustriellen Zeit. Um dies zu
erreichen, müssen die Treibhausgasemissionen
weltweit bis 2050 im Vergleich zu 1990 um mindestens die Hälfte sinken.
Hierbei sind vor allem die Industrieländer gefragt. Der Grund? Sie sind die
Hauptverursacher. Insofern ist dies auch eine Frage der Gerechtigkeit.

Erneuerbare Energien leisten einen wichtigen Beitrag, um das Klima zu schützen.
Allein im Jahr 2007 sparten sie in Deutschland rund 115 Millionen Tonnen
Kohlendioxid (CO_2) Treibhausgase. Zu diesem Zeitpunkt arbeiteten hierzulande
fast 20.000 Windräder. Sie produzierten damit mehr als 22 Millionen Kilowatt-
stunden Strom. Neue Anlagen sollen künftig vor allem im Meer (Offshore-
Windenergieanlagen) entstehen. Bereits 21 Windparks sind dort genehmigt.
Ein erstes Testfeld ging 2009 in Betrieb.

Die Bundesregierung hält es für wahrscheinlich, dass diese neuen Windparks
schon in 15 bis 20 Jahren etwa 20 bis 25 Millionen Kilowatt Strom erzeugen
können. Damit könnten sie mehr als ein Sechstel unseres heutigen Energie-
bedarfs decken.

1. Welche Formen der erneuerbaren Energien kennst du noch?
2. Experiment: Versuche einen Tag bewusst auf elektrische Energie zu verzichten.
   Berichte davon.

Michelle Meier-Metz
und Steffi Rauch

Ich bin wichtig

Ethik Klasse 3

Landesausgabe Thüringen

 MILITZKE

Quellennachweis

S. 4: Annemarie Wietig: Haus der Wunder. In: http://www.verwitwet.de/baseportal/prosa/baseportal.pl?htx=/verwitwet.de/prosa/prosaliste&v=250; Zugriff 20.10.2011; S. 5: Linde von Keyserlingk: Der Anderle. In: Dies.: Die Welt mit dem Herzen gesehen. Herder, Freiburg 2002, S. 31; S. 8: Helga Höfle: Peter sammelt die Zeit. In: Texte für die Primarstufe, TP 3. Schroedel, Hannover 1973, S. 92–93; S. 12: Nach Linde v. Keyserlingk: Das gehäkelte Leben. In: Dies.: Die Welt mit dem Herzen gesehen; a.a.O., S.144; S. 14: Paul Maar: Jaguar und Neinguar. Oettinger, Hamburg 2007, S. 21; S. 16: Pudhys: Wenn ein Mensch lebt. http://www.mp3lyrics.org/p/puhdys/wenn-ein-mensch-lebt/; S. 17: James Krüss: Witschi watschi akkaporeS. In: Wolf-Arbeitsheft Miteinander anstatt gegeneinander 3. Regensburg 1997; S. 18: Linde von Keyserlingk: Die Drei von der Dachrinne: In: Dies: Die Welt mit dem Herzen gesehen, a.a.O., S. 52 ff.; S. 20: Stefan Noster/Axel Rees: Ich bin so zornig! GS Musik 46/2008, Friedrichverlag, Seelze; S. 22: Nach Michael Ende: Die Zauberschule und andere Geschichten. Thienemann, Stuttgart 2008, S. 88 f.; S. 28f.: Arnold Lobel: Das große Buch von Frosch und Kröte: DTV, München 2006, S. 70ff.; S. 35: Georg Bydlinsky: Versöhnung. In: Ders.: Wasserhahn und Wasserhenne, Dachs, Wien 2002; S. 36f.: Von Giraffen und Wölfen. In: Achtsamkeit und Anerkennung, BZgA Köln, 2002; S. 40: Georg Bydlinsky: Ausreden in der Schule. a.a.O. S. 78; S. 42: Manfred Hahn: Denk-mal-Geschichten. Oldenbourg, München 1995, S. 8; S. 46: Georg Bydlinsky: Auf der Suche nach Festen. a.a.O. S. 16; S. 49: Nach Barbara Brüning: Philosophieren im Ethikunterricht (3) Voneinander. Militzke, Leipzig 2005, S.25; S. 52: Eine Schule nur für Mädchen. Nach: http://star-kids.de/starkids/kinderderwelt/subsites/kapverde/tajma.html; Zugriff: 7.11.2011; S. 56: Cees West/A. Wriedt: Herbstlied. In: GS Musik. Friedrich, Seelze 2010, S. 55; S. 58: Rumpelstil: NawaRO – na klaro!, 2003/2009 Tari Taro Music www.nachwachsende-rohstoffe.de; Zugriff: 23.9.2011; S. 60: Georg Arndt: Der Baum. In: Bunter Faden. Cornelsen, Berlin 2003, S. 108; S. 61: Polarlichter. http://www.naturphaenomene.info/polarlicht.html; Zugriff: 7.11.2011; S. 64: Nach Charmaine Liebertz: Pädagogische Schatzbriefe: Bewegung und Rhythmus; Wahrnehmung, Konzentration, Entspannung; Gefühle, Rituale. Don-Bosco-Verlag, München o.J.;

Bildnachweis

Illustrationen, Umschlagillustration I Rebecca Meyer;
dpa I 55: Report / epa Aaron Ufumeli (ml), Bildarchiv / epa AFP (ul);
Fotolia.com I 21: Ivan Kmit; 35: Markus Bormann; 44: James Steidl (ul); 50: uwimages (2); 53: TheFinalMiracle (2); 55: Nolte Lourens (mr); Living Legend (ur); 58: Narcis Parfenti; 59: Denis Dryashkin (ol), Markus Marb (or);
imago I 42: ecomedia / robert fishman; 43: Karlheinz Egginger;
MEV Verlag GmbH I 44: Mike Witschel (ur);
panthermedia.net I 7: Thomas L. (2, or/ur), Stanislav Popov (ul); 11: Bernd Kröger (2, or/ur), Sebastian Wahsner (2.v.ur), Margo Harrison (ul), ; 14: Eric Basir; 24: Christian Schwier; 25: Darko Novakovic; 33: Mandy Godbehear; 38: Klara Viskova (2.v.o); 44: Robert Kneschke (ol), JCB Prod (or), Thomas Lammeyer (ml), Mechthild Bach (mr); 46: Ralf Froelich; 48: Uwe Pillat (l), Yvonne Bogdanski (r); 57: S. Borisov; 59: Eric Gevaert (om); 60: Jan Will;
photocase.com I 5: judigrafie (Bauwagen); 11: ig3l (2.v.ul); 16: MisterQM; 17: Nailia Schwarz; 45: Steffen Jahn (u); 59: Holly Day (u);
pixelio.de I 7: Jerzy Sawluk (ol); 11: Siegfried Fries (2.v.ol); 61: Rebel (2); 64/65: CFalk (HG);
Stefan Eling / www.hanisauland.de (Kinderinternetseite der Bundeszentrale für politische Bildung) I 54;
ullstein bild I 11: Minehan (2.v.or);
Steve Evans I 51; Ralf Thielicke I 36, 37, 38 (o), 39 (o); Uta Wolf I 28 (o), 29, 30, 31; 62, 63 (o = oben; ol = oben links; om = oben mitte; or = oben rechts; m = mitte; ml = mitte links; mr = mitte rechts; u = unten; ul = unten links; ur = unten rechts)

© Militzke Verlag GmbH, Leipzig 2017
Lektorat: Eveline Luutz
Umschlag und Gestaltung: Ralf Thielicke
Druck und Bindung: Himmer GmbH Druckerei & Verlag, Augsburg
ISBN: 978-3-86189-478-0

Militzke Verlag GmbH – www.militzke.de

Inhaltsverzeichnis Klasse 3

Das bedeuten die Symbole:

Arbeitsauftrag:

Denkaufgabe:

Gedankenblitz:

praktische
Aufgabenstellungen:

Ich bin Ich

Das bin ich

Das Haus der Wunder

Wusstest du eigentlich schon,
dass du ein Haus bist?
dass du ein Denkhaus bist?
dass du ein Lenkhaus bist?
dass du ein Merkhaus bist?
dass du ein Werkhaus bist,
ein Wirkhaus?
Wusstest du eigentlich schon,
dass deine Augen Fenster sind?
dass du in deinem Dachstübchen
eine tolle Denkmaschine stehen hast?
dass du in deinem Oberstübchen
einen regelrechten echten Computer
stehen hast, der dir
allein gehört?
Wusstest du eigentlich schon,
dass du ein Haus voller Fragen bist?
dass du ein Abersagerhaus bist?
dass du vom Keller bis zum Dach
angefüllt bist mit Träumen?
dass aus deiner Haustür Wörter
herauskommen?
Ein ganzer Schwall von Wörtern,
die du gefunden und geformt
hast?

Ein ganzer Strom von Wörtern, die deine,
deine ureigenste Produktion darstellen?
Wusstest du eigentlich schon,
dass dein Ich das Haus der Wunder ist?
Und dass aus dem Schornstein deines
Ichhauses
täglich bunte Zauberblumen
rauskommen, in die Luft aufsteigen
und wieder hinabschweben?

Annemarie Wietig

 1. Welche Häuser stecken in dir?

 2. Male ein Bild von dir als ein Haus der Wunder.

Der Anderle

Der Anderle war anders als alle Kinder. Das fing schon beim Wohnen an. Alle Kinder wohnten in einem festen Haus, das immer auf derselben Stelle stand. Der Anderle wohnte in einem Bauwagen auf Rädern, der von Ort zu Ort fahren konnte.

Anderles Vater war Straßenarbeiter. Weil in Dürlesbach die Straßen ziemlich kaputt waren, blieb der Bauwagen dort eine ganze Weile stehen. Der Vater reparierte die Straßen und der Anderle spielte mit den Dorfkindern.

„Hat deine Mutter deine Haare zu heiß gebügelt?", fragte ihn ein Mädchen. „Warum?", sagte der Anderle und griff sich auf den Kopf.

„Ha, weil sie so schwarz und kraus sind, wie verbrannt. Guck' mal, unsere sind alle hell und fatzeglatt."

 1. Vergleiche dich mit dem Anderle. Was unterscheidet euch? Was habt ihr gemeinsam?

Der Anderle sah nicht nur anders aus und wohnte woanders, sondern er konnte auch mit der linken Hand schreiben und auf den Händen laufen.

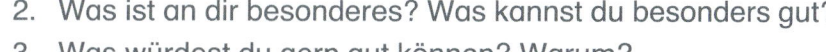
 2. Was ist an dir besonderes? Was kannst du besonders gut?
3. Was würdest du gern gut können? Warum?

 4. Warum ist es gut, dass jeder etwas anders ist?

Dornröschen einmal andersherum

Ihr kennt sicher alle das Märchen vom Dornröschen. 13 Feen kamen zur Geburt und hatten viele Wünsche für Dornröschens Leben. Und dann geschah alles genau so, wie es sich die Feen gewünscht hatten.

Stellt euch doch mal vor, sie wären erst zur Schuleinführung gekommen und hätten sich nicht **für** das Mädchen etwas gewünscht, sondern **von** dem Mädchen. Das heißt also, Dornröschen ist nicht automatisch so, sondern sie soll die Wünsche der Feen erfüllen – aus eigener Kraft.

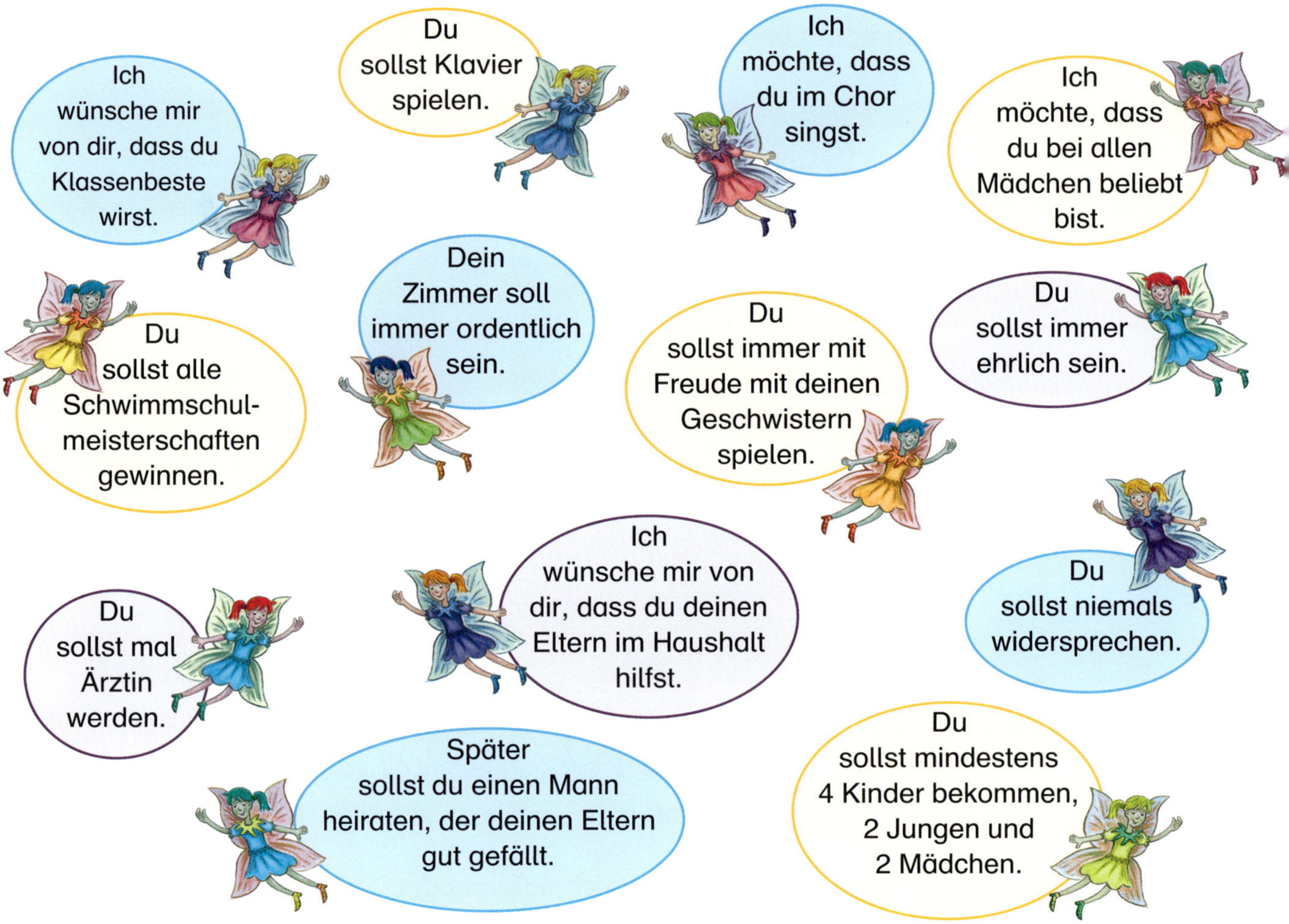

Ich wünsche mir von dir, dass du Klassenbeste wirst.

Du sollst Klavier spielen.

Ich möchte, dass du im Chor singst.

Ich möchte, dass du bei allen Mädchen beliebt bist.

Du sollst alle Schwimmschul- meisterschaften gewinnen.

Dein Zimmer soll immer ordentlich sein.

Du sollst immer mit Freude mit deinen Geschwistern spielen.

Du sollst immer ehrlich sein.

Du sollst mal Ärztin werden.

Ich wünsche mir von dir, dass du deinen Eltern im Haushalt hilfst.

Du sollst niemals widersprechen.

Später sollst du einen Mann heiraten, der deinen Eltern gut gefällt.

Du sollst mindestens 4 Kinder bekommen, 2 Jungen und 2 Mädchen.

1. Wie wird sich Dornröschen wohl fühlen?
2. Welche Wünsche sind leichter, welche schwerer zu erfüllen? Warum?

3. Ist es dann noch Dornröschen, wenn sie alles gemacht hat, was die Anderen von ihr wollten?

Welche Wünsche haben andere an dich?

 1. Führe ein Interview durch:

Frage vier Personen aus deiner Familie oder von deinen Freunden, was sie sich von dir für dein Leben wünschen. Warum wollen sie dies so?

Ich möchte, dass du in der nächsten Mathearbeit eine 2 schaffst. Damit deine 5 ausgebügelt wird.

Ich möchte, dass du Abitur machst, damit du einen guten Beruf lernst.

Ich wünsche mir, dass du ein guter Skateboardfahrer wirst, denn die sind cool.

Ich möchte, dass du beim nächsten Fußballturnier ein Tor schießt. Vielleicht kommst du dann in die nächste Liga.

2 Wie sieht es denn mit deinen eigenen Wünschen aus? Passen sie zu den Wünschen deiner Interviewpartner?

3. Solltest du alle Wünsche erfüllen, auch wenn sie nicht zu deinen passen? Begründe.

Peter sammelt die Zeit

„Vati, gehst du mit mir angeln?"

„Keine Zeit, Peter."

„Mutti, spielst du mit mir?"

„Keine Zeit, Peter."

„Oma, erzählst du mir eine Geschichte?"

„Keine Zeit, Peter, später."

„Kein Mensch hat Zeit", sagt Peter, „und
dabei ist doch so viel Zeit da. Aber die
Erwachsenen haben keine Zeit mehr."

„Ob ich auch keine Zeit mehr habe, wenn
ich erwachsen bin?" Peter überlegt lange.

Er möchte gerne immer Zeit haben. „Ich
werde mir Zeit sammeln und sie aufheben, bis ich groß bin. Ich werde überall in den
Zeitungen und Büchern die Zeit ausschneiden und sie in diesen Schuhkarton legen.
Wenn ich keine Zeit habe, hole ich mir Zeit aus meinem Schuhkarton. Ich möchte
immer Zeit haben."

Von da an schnitt Peter alle Stunden und Minuten aus, die er in der Zeitung las. Stand
da zum Beispiel: „Drei Stunden Verspätung hatte der Eilzug aus München", so schnitt
er sich die drei Stunden aus.

Er sammelte auch Minuten. Die zwei Minuten, die gestern der Präsident im Fernsehen
sprach, sammelte er genauso wie die fünf Minuten, die jemand zu spät kam.

Seine Schachtel wurde voll von Stunden und Minuten. Oft nahm er seine Schachtel,
legte seine gesammelte Zeit vor sich auf den Tisch. Er würde immer Zeit haben. Beruhigt
packte er seine gesammelte Zeit wieder ein und versteckte sie im Kleiderschrank.

Manchmal zählte er seine Zeit zusammen. Erst waren es 80 Stunden und drei Minuten.
Zwei Wochen später zählte er schon 100 Stunden und 20 Minuten.
Im Herbst hatte er bereits 240 Stunden und acht Minuten.
Peter kam sich reich an Zeit vor. Er überlegte sogar, ob er nicht Zeit verleihen oder gar
verkaufen könnte an Leute, die keine Zeit hatten.
Er fand, das sei eine gute Idee. Ein Geschäft, in dem man Zeit kaufen konnte, gab es in
der Stadt nicht. Er packte seine Schachtel unter den Arm und ging.

1. Sammle wie Peter Zeit und gestalte eine Collage. Du kannst dazu aus Zeitungen
Zeitbegriffe, Uhren oder Zeitangaben heraussuchen und aufkleben oder selbst
malen.

Zuerst sah er eine Frau mit zwei Kindern. Sie zerrte ihre Kinder gerade von einem Spielzeugschaufenster weg. „Kommt doch, ich habe keine Zeit!", rief sie.

„Hallo, ich habe Zeit für Sie", sprach Peter die Frau an. „Hier in meiner Schachtel ist viel Zeit. Wie viel brauchen Sie?"

„Quatsch", sagte die Frau, „Zeit in einer Schachtel. Du glaubst wohl noch an Märchen?" Sie zog ihre Kinder mit sich fort.

Peter ging enttäuscht weiter. Er sah ein Liebespaar an einer Haustür. „Tut mir leid", sagte der junge Mann gerade, „weine nicht, ich habe doch keine Zeit mehr."

„Entschuldigung", mischte sich Peter ein, „ich könnte Ihnen Zeit leihen. Hier in meiner Schachtel ist sehr viel Zeit. Ich habe sie gesammelt. Wie viel Zeit wollen Sie?"

„Drei Stunden", sagte das Mädchen und lächelte Peter an.

„Hier, bitte schön." Peter legt ihr drei Stunden in die Hand. Glücklich ging er weg. Das Liebespaar lachte. Sie warfen die drei Stunden weg. Sie flogen leicht davon. Der junge Mann ging eilig über die Straße.

Peter kam an einer Autoreparaturstelle vorbei. Da stand ein tolles rotes Sportauto. „Was ist das für einer? Darf ich mal zuschauen?", fragte Peter den Mechaniker. „Ich habe keine Zeit", murmelte der, „ich muss die Reparatur fertig machen."

„Hier, ich schenke Ihnen drei Minuten Zeit. Ich sammle nämlich Zeit", meinte Peter.

„Junge, hau ab, du spinnst ja. Zeit kann man nicht sammeln. Sammle lieber Autobilder."

Peter ging weiter und dachte: „Erwachsene sind merkwürdig. Das, was sie am nötigsten brauchen, wollen sie nicht." Er ging nach Hause. Sein Vater arbeitete noch in seinem Büro. Er ging zu ihm. „Peter, was ist denn? Ich habe keine Zeit. Das siehst du doch. Hier ist eine Mark. Kauf dir was dafür."

„Ich will dir Zeit verkaufen oder auch schenken."

„Was willst du?"

„Ja, schau, hier habe ich mir 240 Stunden und acht Minuten gesammelt. Ich könnte dir ein wenig Zeit verkaufen. Für die Mark bekommst du zwei Stunden. Damit könnten wir doch angeln gehen. Ich war schon in der Stadt und wollte den Leuten Zeit schenken oder verkaufen. Aber sie wollten sie nicht nehmen." Peters Vater schaute lange in die Schuhschachtel. Dann nahm er zwei Stunden heraus, legte sie in seine Brieftasche und sagte: „Komm, Peter, wir gehen angeln. Hebe dir deine gesammelte Zeit gut auf. Vielleicht sammle ich mir auch welche."

1. Wofür würdest du dir von Peter Zeit wünschen? Begründe!

Redensarten und Sprichwörter

Zeit ist kostbar.

Das Beste, was Eltern ihrem Kind geben können, ist Zeit.

Die Zeit heilt alle Wunden.

Zeit ist Geld.

Die Zeit verfliegt.

Dem Glück- lichen schlägt keine Stunde.

Die Zeit hat Siebenmeilen- stiefel.

1. Zu welchen Sprichwörtern passen die Bilder?
2. Suche dir einen Spruch aus und erkläre seine Bedeutung.

3. Stelle selbst ein Sprichwort oder eine Redensart dar. Du kannst malen, kneten, mit Ton, Playmais oder Märchenwolle arbeiten.

Redensarten und Sprichwörter sind Formulierungen, die es schon sehr lange gibt. Meist erzählen sie dir eine Weisheit.

Zeit vergeht – Ein Forscherauftrag

Marktplatz um
1900 – heute

Klassenfoto
früher – heute

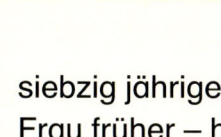

siebzig jährige
Frau früher – heute

Landarbeits-
maschine
früher – heute

 1. Sieh dir die Bilder an. Was stellst du fest?

 2. Stellt auch eine solche Zeit-Sammlung her und gestaltet eine Ausstellung.
Sucht dafür alte Fotos oder Bücher heraus und vergleicht die dargestellten
Dinge mit denen der heutigen Zeit.

 3. Manchmal sagen Erwachsene: „Hier sieht es aus, als wäre die Zeit stehen-
geblieben." Was bedeutet das? Finde Beispiele?

Das gehäkelte Leben

Elsi und Urs mussten ihre Ferien bei der Oma verbringen. Die Oma war nicht zu beneiden, da beide Kinder schon morgens brummig und grantig waren und am liebsten sofort abgereist wären. Nichts konnte sie ihnen recht machen. Eines Morgens klingelte das Telefon und die Mutter rief an. Erst sprach sie mit der Oma und dann mit Urs. Er war so glücklich endlich ihre Stimme zu hören, dass er sie gar nicht richtig verstand. Dann war Elsi an der

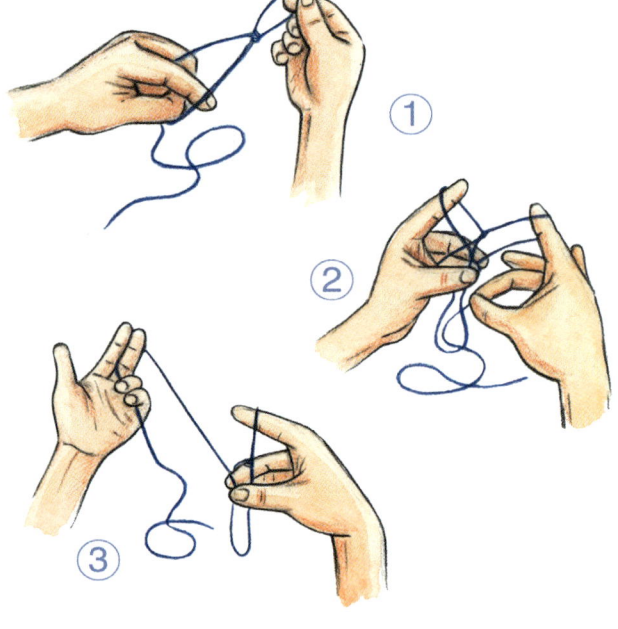

Reihe. Nach einer Weile fragte sie: „Kommt Papa dann nie wieder?" Nach einer Weile legte sie einfach auf. Traurig legte sie den Arm um ihren kleinen Bruder.

Weil die Oma den Kindern helfen wollte die Trennung der Eltern zu verstehen, holte sie aus dem Schrank drei Wollknäuel und drei Häkelnadeln. Elsi maulte gleich wieder los: „Wir können sowieso nicht häkeln." „Dann lernt ihr es eben.", sagte die Oma.

Sie zeigte ihnen wie man eine Schlaufe macht und wie das Eichhörnchen (welches der Häkelhaken war) durch das Loch schlüpfte, um den Wintervorrat (den Faden) in seine Höhle zu ziehen. Obwohl die Kinder eigentlich gar nicht häkeln konnten, machte ihnen diese Arbeit Spaß. So entstand ein langes Band. Oma sagte. „Das ist euer Lebensband."

 1. Was meint sie wohl damit?

Oma erklärte den Kindern: Als sie klein war, dachte sie, dass die Kleinen immer klein und die Großen immer groß sind. Mutter und Vater sind wie Säulen, auf denen das Dach der Familie ruht und darunter spielen die Kinder. Später merkte sie, dass sie sich geirrt hatte.

> „Menschen sind nicht wie Säulen, die immer gleich waren, sind und sein werden. Menschen sind wie Bäche, Flüsse und Ströme, immer in Bewegung, immer in Veränderung. Erst sind sie winzig klein, dann werden sie immer größer. Mal fließen sie hier, mal fließen sie da."

 2. Finde Beispiele für Omas Erklärung?

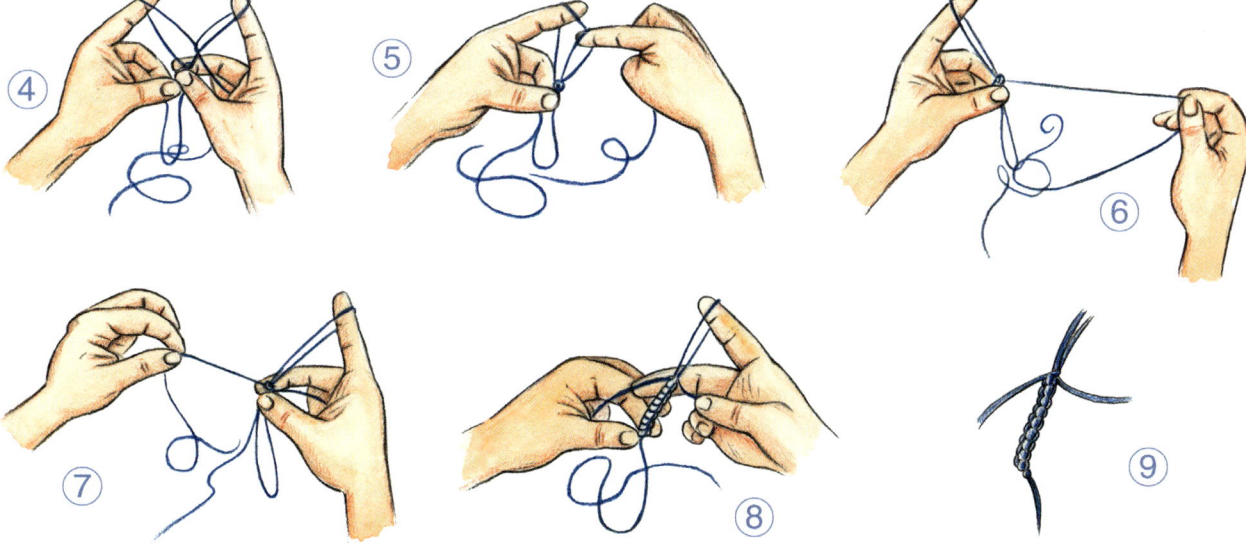

1. Häkele dir selbst so ein Band. Dies geht ganz einfach auch ohne Häkelnadel.
   a) Mache zuerst mit der Wolle eine Schlaufe, die du um Daumen und Zeigefinger legst.
   b) Mit Daumen und Zeigefinger der anderen Hand schlüpfst du durch die Schlaufe und holst den Faden.
   c) Die dabei entstehende Schlaufe legst du wieder über Daumen und Zeigefinger der ersten Hand. Die erste Schlaufe lasse vorher fallen.
   d) So verfährst du weiter bis ein langes Band entsteht.

Oma ließ Urs und Elsi auch noch ein Lebensband für Papa und Mama häkeln. Obwohl sie erst für Papa keins machen wollten, bestand Oma darauf. Denn ohne ihn hätte es die Bächlein von Urs und Elsi nie gegeben. Dann legten sie die Bänder auf den Boden und Oma erklärte ihnen, in welche Richtungen das Leben ihrer Eltern und ihr eigenes geflossen war. Zuerst waren Mama und Papa einzelne Flüsse, die sich irgendwann trafen. Dann floss nach einer Weile Elsis Lebensband mit und später kam Urs dazu. Oma sagte den Kindern, dass Mama und Papa eine schwere Zeit durchmachen, da sie nicht wussten, wie sie ihre Lebensströme weiter nebeneinander fließen lassen könnten, ohne dass einer von ihnen sich dabei selbst verlieren könnte. Nun werden Mamas Band und die Lebensbänder der Kinder in eine andere Richtung fließen als das von Papa. „Das heißt ja, eigentlich hat Papa uns gar nicht verlassen."

2. Was hat Oma gemeint, als sie vom „Sich-Selbst-Verlieren" sprach?

Vergangenheit – Gegenwart – Zukunft

Weg mit der Vergangenheit,
Nie mehr rückwärts denken!
Ich werde den Gedankenstrom
Nur noch nach vorne lenken.

Weg mit der Vergangenheit!
Ich werde sie verlassen
Und werde mich in Zukunft nur
Mit der Gegenwart befassen.

In Zukunft mit der Gegenwart?
Halt, mein Freund, ist das gescheit?
In Zukunft ist die Gegenwart
Doch wieder nur Vergangenheit!

Paul Maar

Zukunft

Gegen-wart

Vergangenheit

1. Erkläre die letzten beiden Zeilen des Gedichts.
2. Finde Beispiele aus deinem Leben die in der Vergangenheit, Gegenwart und Zukunft passierten, passieren oder passieren werden.

3. Du bist als Mensch heute nur so, weil du diese Vergangenheit hattest.

Mein gehäkeltes Leben

Viele Philosophen haben darüber nachgedacht, wie ihr Leben ist und wie es sein sollte.

Wenn du über dein Leben nachdenkst, nutze doch einfach das gehäkelte Lebensband. Dein Leben beginnt im Bauch deiner Mutter. Sogar dort konnte der Arzt schon ein Foto von dir machen. Vielleicht hat deine Mutter dies noch – frag doch mal nach. Und dann findet ihr bestimmt im Gespräch noch mehr Erinnerungsstücke aus deinem bisherigen Leben. Denn auch du hast schon eine ziemlich lange Vergangenheit, in der eine Menge passierte.

1. Nun lege dein Lebensband aus und lege für jedes wichtige Ereignis deines Lebens ein Bild, eine Wortkarte oder einen Gegenstand wie zum Beispiel ein Plüschtier, das dir wichtig war, dazu. So kannst du dir besser bewusst machen, wo du herkommst und warum du vielleicht bist, wie du bist.

Das brauchst du, um zu erkennen, wie dein Lebensband weiterfließen sollte und was du noch erreichen möchtest.

Philosophen denken über wichtige Fragen des Lebens nach. Zum Beispiel: Wo komme ich her? Wo gehe ich hin? Was ist richtig? Was ist Glück? „Philosoph" kommt vom griechischen Wort „Philosophie" und bedeutet „Liebe zur Weisheit".

2. Wenn du nur das tust, was du kannst, bleibst du immer, was du bist.

Wenn ein Mensch lebt

Wenn ein Mensch kurze Zeit lebt,
Sagt die Welt, dass er zu früh geht.
Wenn ein Mensch lange Zeit lebt,
Sagt die Welt, es ist Zeit …

Jegliches hat seine Zeit:
Steine sammeln,
Steine zerstreun,
Bäume pflanzen,
Bäume abhaun,
Leben und Sterben und Streit.

Meine Freundin ist schön,
Als ich aufstand,
ist sie gegangen.
Weckt sie nicht,
bis sie sich regt,
Ich hab mich in ihren Schatten
gelegt.

Wenn ein Mensch kurze Zeit lebt,
sagt die Welt, dass er zu früh geht.
Wenn ein Mensch lange Zeit lebt,
sagt die Welt, es ist Zeit, dass er
geht …

Pudhys

1. „Jegliches hat seine Zeit" – was bedeutet das?
2. Wäre dein Leben anders, wenn du wüsstest, wie viel Zeit du für dein Leben hast?
   Begründe.
3. Warum wäre es gut, dies zu wissen?

Singen und Lachen gegen Ärger

Will dir mal der Kragen platzen,
Weil die Leute zu viel schwatzen,
Nun, dann unterbinde es,
Und sag einfach Folgendes:
Witschi watschi akkapores,
Mintschi mantschi kunkolores,
Kakuliki pi pa po,
Lakatschunga bibalo.

Sind die Reden oder Lieder
Von den Leuten dir zuwider,
Unterbrich sie dann und sag
Folgendes den ganzen Tag:
Witschi watschi akkapores,
Mintschi mantschi kunkolores,
Kakuliki pi pa po,
Lakatschunga bibalo.

Kurz und gut, der Ärger schwindet,
Wenn man einfach unterbindet,
Was geschwatzt wird hier und dort.
Deshalb fahre fröhlich fort:
Witschi watschi akkapores,
Mintschi mantschi kunkolores,
Kakuliki pi pa po,
Lakatschunga bibalo.

James Krüss

 1. Warum vergeht dir beim Aufsagen des Spruches der Ärger?

 2. Warum soll man nicht immer auf das Geschwätz der Leute hören?

Die Drei von der Dachrinne

Quasselstrippe, Klatschbase und Plappermaul sind drei kleine Bösewichter,
die gern Kinder auf dem Weg zur Schule ärgern. Ihr Lieblingsplatz war die
Dachrinne, da sie alle Kinder auf dem Weg zur Schule beobachten konnten.
Zuerst suchte sich Quasselstrippe Thomas aus und flüsterte ihm solange
ins Ohr, bis er es selbst glaubte: „Ich bin nix, ich kann nix, ich werd nix!"
Thomas, der anfangs beschwingt zur Schule ging, wurde immer kleiner und
blasser und schlich die letzten Meter zur Schule.

Klatschbase hatte sich unterdessen Silke ausgesucht. Natürlich sah auch sie keiner, als sie sich auf Silkes Schulter setzte. Hundert Mal flüsterte sie in ihr Ohr: „Alle lachen über mich, keiner mag mich!" Silke, die eigentlich voller Stolz ihr neues Kleid vorführen wollte, sackte immer mehr zusammen, schlug die Augen nieder, in der Hoffnung, sich so unsichtbar machen zu können. Plappermaul suchte sich Stefan, den Klassenbesten, aus und flüsterte genüsslich: „Ich bin nicht gut genug!" in sein Ohr. Als er in der Mathematik-stunde eine Arbeit schrieb, war er wie immer schnell fertig. Aber da hörte Stefan wieder Plappermauls Flüsterstimme, die ihm einredete: „Ich bin nicht gut genug!" Er rechnete alle Aufgaben nach, korrigierte nervös und verschlimmbesserte sie.

Als Silkes Freundin das neue Kleid sah, sagte sie: „Du hast ja ein neues Kleid an!". Silke hörte gar nicht richtig hin, sondern flüsterte nur: „Ich wusste, dass es dir nicht gefällt!", und setzte sich auf ihren Platz.

In der Deutschstunde sollte Thomas sein Gedicht aufsagen, doch alles, was ihm noch einfiel waren einzelne Wörter und die ganze Klasse lachte. „Nie kann ich etwas!", sagte er leise.

1. Wie stellst du dir die Drei von der Dachrinne vor? Male sie.

Die Lehrerin setzte sich neben Thomas und sagte: „Kann es sein, dass du jemanden auf deiner Schulter sitzen hast. Ich glaube nämlich, da sitzt eine gewisse Quasselstrippe, die dir immer ins Ohr flüstert: „Ich bin nix! Ich kann nix! Ich werd nix!"

Die Lehrerin wusste auch von all den anderen Sprüchen. „Sie haben nur den Zweck, uns klein zu machen. Aber das lassen wir uns nicht mehr länger gefallen!"

2. Welche Sprüche haben euch schon mal die „Drei von der Dachrinne" ins Ohr geflüstert? Sammelt sie.
3. Macht aus jedem Kleinmach-Spruch einen Mutmach-Spruch.
4. Wie könnten die Gespensterchen noch heißen? Erfindet neue Namen.

Ich bin so zornig!

Refrain

Ich bin so zor-nig, zor-nig, zor-nig, die gan-ze Schu-le nervt, ich bin so zor-nig. Ich könnt' euch in die E-cke schmei-ßen o-der in der Luft zer-rei-ßen, oh-ne Wei-te-res auch bei-ßen, ich bin zor-nig.

Strophen

1. Ich bin so zor-nig, al-les nervt mich nur, al-les geht da-ne-ben, kei-ner hört mir zu. Ich könn-te Bäu-me aus-rei-ßen, mei-ne Bü-cher zer-rei-ßen, mir auf die Zun-ge bei-ßen und ganz laut los-krei-schen. 2. Das Ge-fühl in mei-nem Bauch ist wi-der-lich, doch auch Stamp-fen und laut Brül-len nützt mir heu-te nichts. Die-se Wut und die-ser Zorn ge-hen ein-fach nicht ver-lor'n, viel-leicht braucht es noch mehr Zeit, ich hof-fe, bald ist es so weit.

3. Strophe

Mit dem Kopf durch die Wand,
niemand reicht mir die Hand.
Meine Freunde ärgern mich,
sind heut' fürchterlich.
Ich find' mich selber unausstehlich,
suche Gründe doch vergeblich.
Heute ist alles zu viel und
ich finde auch kein Ziel.

Refrain

Ich bin so zornig, zornig, zornig,
niemand kann etwas dafür,
ich bin so zornig.
Ich schmeiß' mich in die nächste Ecke,
renn' hinunter jede Treppe.
Geht's mir besser jede Wette,
weg mit zornig.

4. Strophe

Vielleicht gibt es solche Tage,
da muss es einfach raus.
Die letzte Arbeit schlecht,
dann Hausarrest.
Ja dann ist es okay,
wenn man mal wütend ist,
wenn du alles mit dir herum trägst,
glaubst du, dass das besser ist.

Geh
vor die Tür
und schrei
mal laut!

1. Was macht dich zornig?
2. Wie spürst du das? Wie geht es dir dabei?
3. Sammle Tipps, wie du dich wieder beruhigen kannst.
   Nun suche dir einen kleinen Zornstein. Auf ihn schreibe den Tipp, der dir am
   besten hilft. Du kannst ihn immer in der Hosentasche dabei haben.
   Vielleicht gibt er dir die Kraft, nicht so zornig zu werden.

Der Wunsch aller Wünsche

Kennst du die Geschichte vom
Wunsch aller Wünsche von
Michael Ende?
Sie geht ungefähr so:

In eine Stadt mit vielen fröhlichen
Kindern kamen einmal drei
Zauberer – Herr Borstenbinder,
Herr Siebenzylinder und Herr
Wasdunichtmeinst. Zum Abschied
wollten sie den Kindern für ihre
Freundlichkeit einen einzigen Wunsch
gewähren.

„Dieser Wunsch, den ihr sagt – sei
er groß oder klein –, wird im selben
Moment euch erfüllet sein."

Die Kinder sollen sich auf einen Wunsch einigen. Dies kannst du mit der
1–2–ALLE-Methode erreichen.

1   Stell dir vor, die Zauberer würden dich fragen? Was würdest **du** dir
    wünschen? Denke darüber nach.
2   Vergleiche deinen Wunsch mit einem Partner? Tauscht euch beide
    leise aus und einigt euch.
ALLE   Stellt gemeinsam euren Vorschlag der Gruppe vor. Versucht euch
    auf einen Wunsch zu einigen.

1. Manches Kind in der Stadt fragte sich heimlich: „Sind sie gut oder böse,
    die seltsamen Drei?"

Da berieten die Kinder sich lange,
was am besten zu wünschen sei;
denn wie schlau man's auch immer anfange,
sobald man das eine erlange, sei's mit
allem anderen vorbei!
Drum sprachen sie schließlich zu den
drei Herren:
„Verzeiht, wenn wir allzu viel wagen!
Unser einziger Wunsch ist:
Wir möchten gern, das jeder Wunsch,
den wir sagen, sofort sich erfüllt." –
„Ihr habt es begehrt", so sprachen die Drei,
„es sei euch gewährt!"
Da staunst du nun wohl!

1. Ist dies der gleiche Wunsch, den ihr hattet?
2. Wenn alle Wünsche erfüllt werden, welche Wünsche fallen dir sofort ein?
   (1–2–ALLE-Methode)
   1 Schreibe deine ersten 10 auf.
   2 Vergleicht innerhalb eurer Tischgruppe die Wünsche. Zählt aus,
      welche Wünsche wie oft genannt wurden.
   ALLE Stellt tischgruppenweise eure Wunschliste vor und erstellt so eine
      Klassen-Rangliste.

3. Versucht eure Wünsche in Gruppen zu teilen.

Nachdenken über Wünsche

Wünsche können in verschiedene Gruppen unterteilt werden:

1. Nun sortiert eure Wunschliste noch einmal neu und ergänzt gegebenenfalls Beispiele, für die fehlenden Gruppen.
2. Vergleicht eure Sortierung. Was stellt ihr fest?

Wünsche können auch anders sortiert werden. Dann richtet sich die Ordnung nach dem Adressaten: Wünsche von anderen an mich – Wünsche von mir an andere.

3. Finde Beispiele dafür?

Wünsche ändern sich

Als Onkel Klaus ein kleiner Junge war, träumte er von einem echten Rennrad. Sein ganzes Geld sparte er, um sich diesen Wunsch erfüllen zu können. Mit 20 Jahren wünschte er sich eine gute Arbeit, damit er mal eine Familie gründen könnte. Er lernte fleißig beim Studium und traf dort Tante Rosi. Sie war eine sehr hübsche Frau und Onkel Klaus freute sich, dass ihm auch dieser geheime Wunsch erfüllt wurde. Sie bekamen 2 Kinder, die heute weit weg wohnen.

Meistens sitzt er nun in seinem Lieblingssessel und wünscht, seine Enkel würden ihn besuchen. Aber in letzter Zeit wünscht er sich nur noch, dass Tante Rosi gesund wird. Sie liegt schon seit mehreren Wochen im Krankenhaus.

1. Welche Wünsche hatte Onkel Klaus?
2. Warum haben sie sich verändert?
3. Haben sich bei dir auch schon einmal deine Wünsche verändert? Woran lag das?

4. Wir wünschen Alter alle Tage, und kommt es, hört man nichts als Klage.

Ich bin ein Teil von Euch

Alles Familie

Früher waren die Familien sehr groß. Eltern und Großeltern lebten mit den meist mehr als zehn Kindern unter einem Dach.
Heute ist das nicht mehr so.
Die meisten Familien haben
nur noch ein bis zwei
Kinder und die Großeltern
wohnen wo anders.
Onkel und Tanten siehst
du vielleicht nur zu
Familienfesten.
Dann ist es ganz
schön schwer, alle
auseinander zu halten.

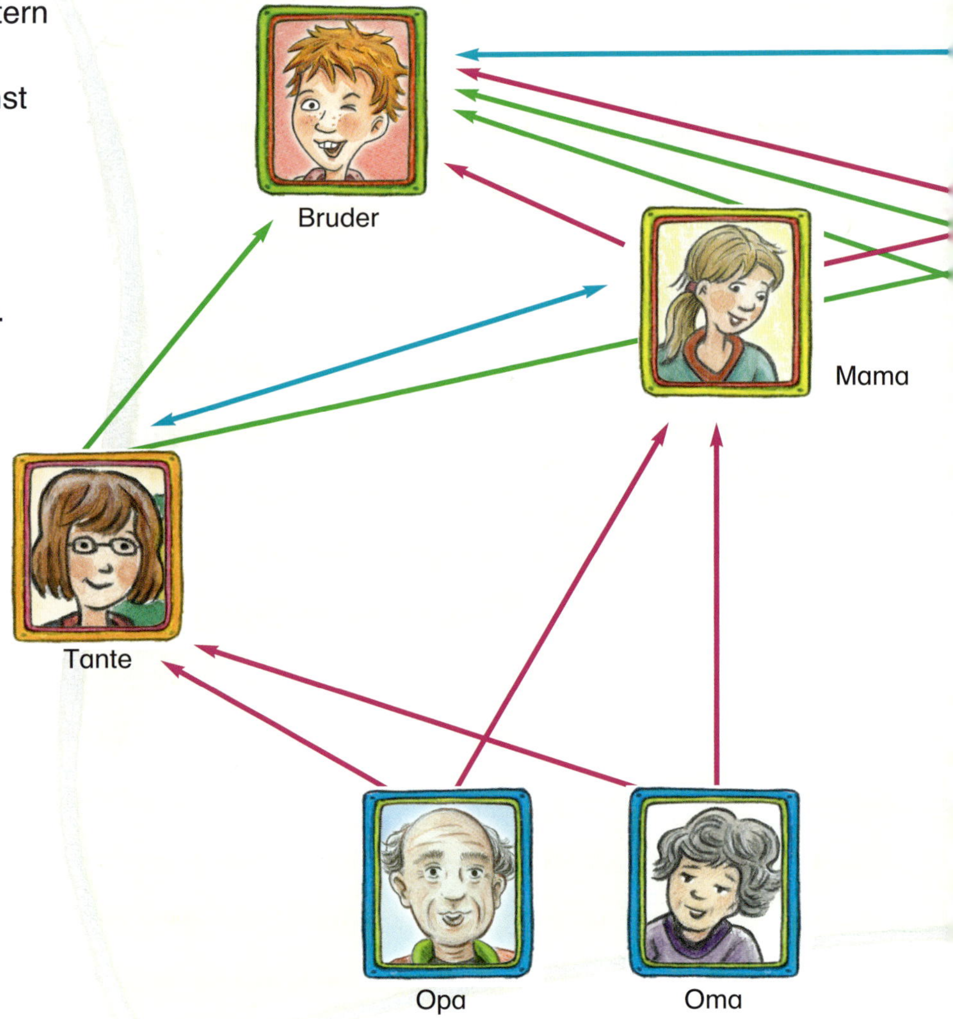

Bruder

Mama

Tante

Opa

Oma

In manchen Familien gibt es auch neue Mütter oder Väter. Die ersetzen aber nicht die eigentlichen Eltern, sondern kommen nur noch dazu.

1. Kannst du solch eine Übersicht auch für deine Familie erstellen?

Wenn du dir dieses Bild anschaust, bist du nicht nur das Kind deiner Eltern, sondern auch Enkelkind, Bruder oder Schwester und Nichte oder Neffe.

Alle haben verschiedene Erwartungen und Wünsche an dich. Kannst du dir denken welche?

Legende:
rote Pfeile: Kind von
blau Pfeile: Geschwister
grüne Pfeile: Onkel/Tante

Ich

Papa

Tante   Onkel

Opa   Oma

1. Erstelle eine Übersicht mit deinen Familienangehörigen und deren Erwartungen an dich.
2. Wo fällt es dir leichter, die Erwartungen zu erfüllen. Woran liegt das?

3. Musst du immer allen Erwartungen entsprechen? Begründe.

Der Badeanzug

Frosch und Kröte liefen zum Fluss hinunter.

„Ein herrlicher Tag zum Schwimmen", sagte Frosch.

„Stimmt", sagte Kröte. „Ich gehe mal schnell hinter die Felsen und ziehe meinen Badeanzug an."

„Ich trage nie einen Badeanzug", entgegnete Frosch.

„Aber ich", sagte Kröte. „Wenn ich meinen Badeanzug anhabe, darfst du mich aber nicht anschauen. Erst wenn ich im Wasser bin!"

„Warum nicht?", fragte Frosch.

„Weil", sagte Kröte, „weil ich in meinem Badeanzug so komisch aussehe."

 1. Wie stellst du dir die Kröte in ihrem Badeanzug vor? Male sie.

2. Vergleicht eure gemalten Badeanzüge.

3. Tauscht euch zu folgen Fragen aus:

Warum zieht sie einen Badeanzug an, in dem sie sich unwohl fühlt?

Hast du auch schon mal etwas anziehen müssen, worin du dich dann nicht zeigen wolltest?

Sind „komisch" und „lustig" dasselbe?

Geht es Kröte nur um den Badeanzug?

Als Kröte hinter den Felsen hervorkam, machte Frosch die Augen zu.
„Nicht blinzeln!", rief Kröte. Dann sprangen alle beide ins Wasser.
Sie schwammen den ganzen Nachmittag. Frosch schwamm schnell und
spritzte wild. Kröte schwamm langsamer und spritzte nicht so wild.

1. Was machst du, wenn du mit deinem Freund oder deiner Freundin einen
   schönen Nachmittag verbringst. Erzähle.

Eine Schildkröte krabbelte am Ufer entlang.
„Frosch, sag dieser Schildkröte, dass sie fortgehen soll", bat Kröte.
„Ich will nicht, dass sie mich in meinem Badeanzug sieht, wenn ich
aus dem Wasser steige."
Frosch schwamm hinüber zur Schildkröte.
„Bitte", sagte er, „du musst fortgehen."
„Warum denn?", fragte die Schildkröte.
„Kröte will nicht, dass du ihr zuschaust, wenn sie aus dem Wasser steigt.",
erklärte Frosch. „Sie meint, dass sie in ihrem Badeanzug komisch aussieht."

2. Hat Frosch Verständnis für Krötes Unbehagen? Handelt er wie ein Freund?
3. Wie würdest du reagieren?

Drei Eidechsen huschten über die Felsen.

„Sieht Kröte in ihrem Badeanzug wirklich komisch aus?", fragten sie.

Eine Schlange kam dazu. „Wenn Kröte in ihrem Badeanzug komisch aussieht", sagte sie, „will ich sie unbedingt sehen."

„Wir wollen sie auch sehen", sagten zwei Libellen.

„Ich auch", piepste eine Maus. „Ich habe schon lange nichts Komisches mehr gesehen."

1. Nun befindet sich Frosch in einem Dilemma. Wie sollte er sich verhalten? Begründe.

2. Spielt die Szene als Rollenspiel nach. Welche Möglichkeiten findet ihr?

Frosch schwamm zurück zu Kröte.

„Tut mir leid", sagte er, „alle wollen sehen, wie du in deinem Badeanzug ausschaust."

„Dann bleibe ich solange im Wasser, bis sie fort sind", entgegnete Kröte.

3. Ist es klug, wie Kröte sich verhält? Begründe.

Die Schildkröte und die Eidechsen, die Schlange, die Libellen und die Maus, alle nahmen auf dem Ufer Platz und warteten.

„Bitte", rief Frosch, „Geht fort!" Aber keiner ging fort.

„Mir ist kalt", quäkte Kröte.

Sie begann zu zittern und zu niesen.

„Ich muss sofort raus aus dem Wasser, ich hole mir einen Schnupfen." Sie kletterte ans Ufer. Das Wasser tropfte ihr aus dem Badeanzug auf die Füße.

4. Was glaubst du, wie sich die Kröte in diesem Moment fühlt?

Da fing die Schildkröte zu lachen an. Die Eidechsen lachten. Die Schlange lachte. Die Maus lachte.

Und Frosch lachte auch.

„Worüber lachst du?", fragte Kröte.
„Ich lache über dich",
antwortete Frosch. „Weil du in deinem Badeanzug so komisch aussiehst."
„Hab ich doch gesagt,"
erwiderte Kröte. Dann hob sie ihre Sachen auf und spazierte heim.

Ein guter Freund zu sein, ist nicht immer leicht. Hier noch ein paar wichtige Fragen zum Schluss der Geschichte:

- Warum lachen die Tiere? Haben sie dazu das Recht?
- Welches Lachen hat Kröte wohl am meisten getroffen?
- Warum ist es Kröte so wichtig, was die anderen Tiere denken?
- Warum war es Frosch nicht unangenehm ohne Badeanzug zu baden, Kröte aber schon?

1. Hast du eine Idee, was Frosch jetzt tun könnte, damit Kröte nicht mehr sauer ist?
   Hilf ihm und spiele die Szene oder bastle oder schreibe!

Vom Streiten

Jeder streitet sich mal mit anderen, mit den Eltern, den Geschwistern, mit
Freunden und Mitschülern. Das heißt, sie haben verschiedene Meinungen
zu einer Sache. Dann müssen sie versuchen eine Lösung zu finden.
Das fällt vielen oft nicht leicht. Es ist nämlich viel einfacher, den anderen
zu beleidigen oder ihm weh zu tun, als friedlich nach einer Lösung zu suchen.

1. Mache mit einem Partner folgenden Versuch:
   Einer von euch schreibt 5 Sachen auf, die ihm am Partner **nicht** gefallen.
   Der andere sucht 5 Dinge, die ihm gefallen und schreibt sie auf.
   Wer ist schneller fertig?

Manchmal sprechen Erwachsene von „Mobbing". Das ist aber kein Streit.
Denn Mobbing bedeutet, dass eine Person oder eine Gruppe einem Anderen
immer wieder absichtlich weh tut. Das kann Auslachen, Beleidigen, Schlagen
oder Ausgrenzen sein.

Nach der Sportstunde

Konstantin flitzt nach der Sportstunde in die Umkleidekabine. Heute will er sich beeilen. Seine Mutter steht vor der Schule und wartet auf ihn – er soll heute seine Zahnspange bekommen. Als er fast fertig ist, merkt er, dass ein Schuh fehlt. Nirgendwo kann er ihn finden. Auch sein Freund Peter guckt mit nach dem Schuh.

Thomas, der Konstantin aus der Ecke heimlich beobachtet, kann sich ein Lachen nicht mehr verkneife. „Na, bist du heute vom Suchtrupp? Tja, wenn man keine Ordnung hält …", meint er hämisch. Da kann Konstantin sich nicht mehr bremsen. Immer wieder traktiert ihn Thomas …

1. Spielt die Geschichte nach und überlegt euch ein passendes Ende.

2. Vergleicht eure Lösungen. Was stellt ihr fest?

Streitgeschichten

1. Kennst du solche Situationen? Erzähle.
2. Wie löst ihr solche Konflikte in eurer Familie?

3. Ist Streit mit Freunden anders als mit Familienmitgliedern? Warum?

Versöhnung

Gestern haben wir gestritten.
Heute möchte ich dich bitten,
dass du nicht mehr böse bist
und den blöden Streit vergisst.

Lieber Fritz, sei wieder froh!
Spielen wir jetzt Domino?

Gestern hatten wir zwei Streit.
Heute tut es mir schon leid:
Ich würd alles anders machen
und viel lieber mit dir lachen.

Lieber Fritz, mein Freund bist du!
Spielen wir jetzt Blindekuh?

Gestern hatten wir zwei Sorgen.
Heute freu ich mich auf morgen:
Unser Streit ist nicht mehr wahr,
und ich fühl mich wunderbar!

Freundschaft ist ein großer Schatz.
Gehn wir auf den Fußballplatz?

Georg Bydlinski

1. Ging es dir auch schon einmal so? Worüber habt ihr euch gestritten?
2. Was hast du getan, um dich wieder mit deinem Freund oder deiner Freundin zu vertragen?
3. Muss immer der einlenken, der angefangen hat zu streiten? Begründe.

Von Giraffen und Wölfen

Wusstest du schon welches Landtier das größte Herz hat? Es ist nicht der Elefant oder das Nashorn, sondern die Giraffe. Sie benötigt es, um ihren langen Hals und den Kopf mit Blut versorgen zu können. Ihr langer Hals hat den Vorteil, dass sie die Welt mehr von oben sieht als andere Tiere. Dadurch nimmt sie Dinge wahr, die anderen verborgen bleiben. Außerdem kann sie durch diesen Hals an Orten fressen, die kein anderes Tier erreicht. Sie nimmt niemandem etwas weg, keiner streitet sich mit ihr.

Aus diesem Grund wollen wir von Giraffensprache reden, wenn Menschen ein großes Herz haben, sie andere gut verstehen und offen und freundlich mit anderen sprechen.

1. Male ein großes Herz und fülle es mit Worten, die dir gut tun, bei denen du dich wohlfühlst.

Nicht immer gelingt es uns, in der Giraffensprache zu sprechen.
Manchmal sind wir wütend, enttäuscht oder ängstlich.
Dann verwenden wir die Wolfssprache.

Wölfe verfügen nicht über so ein großes Herz wie Giraffen und haben
auch nicht deren Überblick. Sind sie wütend, dann schnappen sie zu,
knurren andere an oder verletzen sie.
Haben sie Angst, verstecken sie ihre Gefühle.

Merkmale der Giraffensprache

- Ich sage dem Anderen, was mich stört ohne ihn zu beleidigen.

  Beispiel: Mich stört, dass du dich jetzt nicht hinten anstellst, sondern vordrängelst.
  (Eine Hilfe: Ich sage nicht: „Du bist blöd …“, „immer nimmst du mir meine Stifte weg …“ oder „nie hilfst du mir…“)

- Ich sage, was ich fühle.

  Beispiel: Ich fühle mich nicht wohl, wenn du dich vordrängelst und ich mich anstellen muss.

- Ich sage deutlich, was ich wünsche. Ich formuliere eine Bitte oder einen Wunsch.

  Beispiel: „Ich hätte gern, dass …“, „Ich bitte dich um …“, „Ich wünsche mir von dir …“

  Streitsituation: Claudia will auf dem Pausenhof mitspielen. Ihre Freundin Sina sagt zu ihr: „Hau ab, heute spiele ich mit Denise allein.“

1. Wie fühlt sich Claudia?
2. Was könnte sie in Giraffensprache zu Sina sagen?
3. Formuliert andere Streitgespräche mit der Giraffensprache.

Merkmale der Wolfssprache

- Ich tue dem Anderen mit meinen Worten weh.

  Beispiel: „Das verstehst du nicht." „Du bist doch blöd."

- Ich sage etwas Schlechtes über den Anderen.

  Beispiel: „Immer wenn du nicht da bist, sagt sie etwas Abfälliges über dich."

- Ich lasse dem Anderen mit meinen Worten keine Wahl.

  Beispiel: „Entweder du gibst jetzt den Ball her oder du spielst nie mehr in der Pause mit."

- Ich rede voller Wut und suche Streit.

  Beispiel: „Immer lügst du und schleimst dich bei den Anderen ein."

1. Welche Sprache fällt dir leichter in Streitsituationen? Warum?

2. Erstellt ein Klassenplakat mit den Merkmalen der Wolfs- und der Giraffensprache.

3. Versucht ab heute die Giraffensprache häufiger anzuwenden.

Unwahrheiten

Ausreden in der Schule

Anna:
Frau Lehrerin, ich kann nichts dafür.
Es war verflixt – glauben Sie mir:
Mein Wecker hat verschlafen!
Ich werde ihn bestrafen.

Paul:
Beim Warten auf die Straßenbahn
biss mich ein wilder Löwenzahn.
Das hat vielleicht wehgetan!
Deshalb bin ich später dran.

Ida:
An der Haltestelle vom Bus
trat mir ein Hydrant auf den Fuß.
Der Knöchel ist gleich angeschwollen.
Wie hätt ich schneller gehen sollen?

Peter:
Im Stadtpark flog mir ein Geier ins Ohr
Und riss mich zwanzig Meter empor,
sodass ich beide Schuhe verlor.
Ich verspreche, es kommt nicht mehr vor!

Lehrerin:
Liebe Kinder, ich glaub euch zwar nicht.
Aber nun zum Sachunterricht.
Wer kann mir sagen: Wie groß und wie schwer
ist ein aufgebundener Bär?

1. Das Gedicht heißt „Ausreden". Würdest du sie auch so bezeichnen?
2. Passt die letzte Strophe zum Gedicht dazu? Begründe.

Kennst du einen aufgebundenen Bären?

Lügen haben kurze Beine?

Erwachsene sagen oft: „Lügen haben kurze Beine" oder „Wer lügt, dem wächst eine lange Lügennase." Aber passiert das wirklich? Wohl kaum. Trotzdem kannst du deutlich an deinem Körper Veränderungen spüren, wenn du lügst. Du siehst sie aber auch bei genauer Beobachtung an deinem Gegenüber. Die Polizei verwendet sogar Messgeräte, um Lügner herauszufinden. Also was kann wohl gemessen oder beobachtet werden?

Das Herz fängt an zu klopfen

Man fasst sich ans Ohr

Das Blut fließt schneller

Die Hände werden feucht

Die Augen werden groß

Der Mund steht offen

Die Gesichtsfarbe wird rot

Der Augenkontakt wird vermieden

1. Entscheide, welche Aussagen passen. Begründe deine Wahl!

Wenn du es lernst, auf diese Zeichen besser zu achten, kannst du sicherer erkennen, wer es gut und ehrlich mit dir meint.

Das Geheimnis von Grübida-Land

Grübida-Land ist wie jedes andere Land auch auf der Welt. Doch seine Bewohner haben ein Geheimnis, das die Großeltern den Eltern und die wiederum den Kindern verraten. Dieses Geheimnis macht den Bewohnern von Grübida-Land das Leben viel angenehmer als anderswo. Leute, die das Geheimnis nicht kennen, haben es schwerer. Und davon erzählt unsere Geschichte:
Herr Wiewald betritt in Grübida-Land ein Geschäft, um sich einen Hut zu kaufen. „Kann man hier einen Hut kaufen?" fragt er eine Verkäuferin nach der anderen. Doch keine spricht mit ihm ein Wort. Die Leute im Laden schauen durch ihn hindurch, als wäre er unsichtbar. „Wir wünschen Ihnen einen schönen guten Tag!" steht mit großen Buchstaben über den Verkaufstischen. Aus lauter Langeweile, weil ihn niemand bedient, liest Herr Wiewald einfach laut vor sich hin: „... einen schönen guten Tag!"
„Einen schönen guten Tag wünschen wir Ihnen! Was darf es sein?", sagt plötzlich eine Verkäuferin und hat für Herrn Wiewald Zeit.
„Einen Hut möchte ich kaufen. Zeigen Sie mir einige Modelle!" Wie wenn er wieder Luft wäre, schaut die zunächst so freundliche Verkäuferin durch Herrn Wiewald hindurch.

Was soll er nur machen? Ganz in seiner Nähe werden freundliche Kunden von freundlichen Verkäuferinnen bedient. Er hört doch genau, wie der Kunde neben ihm sagt: „Können Sie mir bitte einige Gürtel zeigen?"
Und schon bringt die höfliche Frau ein Dutzend Gürtel.

1. Wohnt Herr Wiewald in Grübida-Land? Begründe.
2. Woran mag es wohl liegen, dass Herr Wiewald nicht sofort bedient wird?

„Bitte sehr!" schimpft Herr Wiewald und denkt sich dazu: „Wenn ich hier nicht bedient werden, dann gehe ich woanders hin. Das ist ja eine Unverschämtheit. Bodenlos!"

Und schon ist die Verkäuferin wieder da und sagt mit einem Lächeln: „Aber bitte sehr! Hier haben wir ein besonders schönes Modell. Wollen Sie den Hut

probieren? Ich zeige Ihnen aber gerne noch andere Hüte."
Die freundliche Beratung gefällt Herrn Wiewald und stimmt ihn so fröhlich, dass er auch noch eine Krawatte kauft.
Er zahlt und nimmt seine beiden Päckchen. Er dreht sich um und will gehen. O Schreck!!!
Gerade hatte Herr Wiewald die Päckchen noch in der Hand – jetzt waren sie verschwunden. Er steht mit leeren Händen da und versteht die Welt nicht mehr!?!

Er zieht seine Einkaufsrechnung aus der Tasche und will sein Geld zurück. Für nichts will er auch nichts bezahlen!
Da liest er auf der Rechnung, ganz unten:

Wir bedanken uns ganz herzlich für Ihren Einkauf. Auf Wiedersehen!

Nun wird Herrn Wiewald einiges klar!
„Vielen Dank für Ihre freundliche Beratung!" sagt er zur Verkäuferin und hält plötzlich seine beiden Päckchen wieder in der Hand. Beim Verlassen des Geschäftes vergisst er auch nicht, „Auf Wiedersehen" zu sagen. Und die anderen Kunden und Verkäuferinnen winken ihm nach.

1. Hast du das Geheimnis lüften können?
2. Warum ist das Leben dort wohl viel angenehmer?
3. All das nennt man Höflichkeiten, welche beim Zusammenleben wahre Wunder bewirken. Beweise das an einem Beispieldialog.

Mit Würde altern

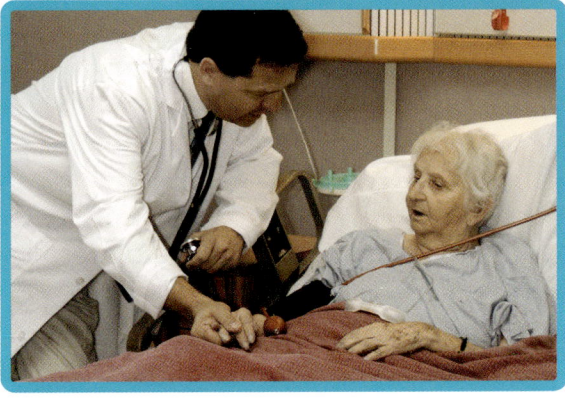

1. Wenn du mit alten Menschen sprichst, reden sie oft davon „mit Würde" alt werden zu wollen. Was bedeutet das denn? Frage bei deinen Großeltern nach.
2. Was können alte Menschen jungen Menschen geben?

Mit Würde alt werden

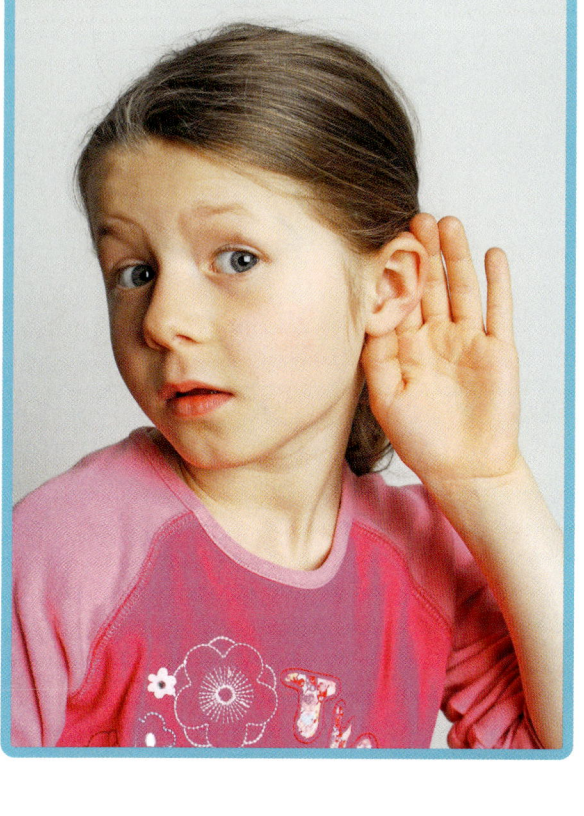

Miriam kann nicht schlafen, weil ihre Eltern in der Küche so laut diskutieren. Als sie sich aus ihrem Zimmer schleicht, hört sie noch wie Mama sagt: „… aber wir schaffen das nicht mehr. Sie muss einfach ins Heim." „Ich kann doch meine Mutter nicht einfach so abschieben", setzt Papa dagegen und haut wütend auf den Tisch. „Das musst du doch verstehen!" So hat Miriam ihre Eltern noch nie streiten gesehen. Es scheint sich wirklich um ein schwieriges Thema zu handeln. Sie weiß, dass ihre Omi sehr krank ist. Ständig vergisst sie etwas oder sie geht spazieren und findet nicht mehr heim. Neulich ist sie so schlimm hingefallen, dass sie ins Krankenhaus musste.

Viele Familien müssen irgendwann entscheiden, wo die Großeltern ihren Lebensabend verbringen. Manchen können bis zum Tod alleine leben, andere sind auf die Hilfe von ihren Mitmenschen angewiesen. Doch nicht immer schafft eine Familie dies. Dann leben die alten Menschen in einem Senioren- oder Pflegeheim. Aber welches der richtige Ort ist, ist meist eine schwere Entscheidung.

1. Was versteht man unter dem „Lebensabend"?
2. Sammelt in der Gruppe Argumente für und gegen ein Leben
   - in der Familie,
   - in einer eigenen Wohnung,
   - im Senioren- und Pflegeheim.

Wir alle sind Kinder

Auf der Suche nach Festen

Willst du wissen, wann
man Feste feiern kann?

Wenn der Schnupfen vorbei ist,
wenn es März oder Mai ist,
wenn das Wurstbrot gut schmeckt,
wenn man Käfer entdeckt,
wenn das Radio tobt,
wenn der Lehrer dich lobt,
wenn die Drachenschnur hält,
wenn die Schule entfällt,
auch am Geburtstag von Katze
und Hund –
und aus jedem anderen Grund!

Georg Bydlinsky

1. Zu welchem Anlass feiert ihr zu Hause ein Fest?

2. Forscherauftrag: Auf der Suche nach Festen:
   Teilt euch in 3 Gruppen ein – Eine Gruppe für das vergangene Jahr, eine für das
   aktuelle Jahr und eine für das kommende Jahr.
   Erstellt mit Hilfe des Kalenders des jeweiligen Jahres eine Liste der Feste und
   Feiertage mit Datumsangabe.
   Kennzeichnet dabei gleich, welche Feste persönliche Feste, weltliche Feste und
   kirchliche Feste sind.
   Was stellt ihr fest?

Welches Fest ist das wichtigste?

Lucas und Philipp streiten sich, welche Feste wohl die wichtigsten sind. „Der Geburtstag ist das allerwichtigste", sagt Lucas und denkt an seine Wunschliste, die immer an Muttis Schreibtisch hängt. „Weihnachten ist genauso wichtig", sagt Philipp „da gibt es nämlich Weihnachtsgeschenke. Und gleich danach kommt Ostern." Und dabei fällt ihm sofort die schicke Eisenbahn vom letzten Osterfest ein. Die Jungs einigen sich noch darauf, dass Martini und Nikolaus auch noch wichtig sind, weil sie etwas Geheimnisvolles an sich haben.

„Kindertag ist auch wichtig." „Aber nicht so wie Weihnachten und Ostern", entgegnet Lucas.
„Und was ist mit Pfingsten?", fragt der Opa hinter seiner Zeitung, der beiden zugehört hat.
„Pfingsten ist nicht so wichtig", sagen beide gleichzeitig, „denn da gibt es keine Geschenke."
„Aber ohne Pfingsten würde niemand

Weihnachten und Ostern feiern. Auch viele der anderen für euch wichtigen Feste, gäbe es nicht", weiß Opa.

1. Wie kommt der Opa darauf?
2. Erkundige dich, warum das Pfingstfest gefeiert wird und welche Bräuche es gibt.

Ein Brauch ist eine immer wiederkehrende, aus einer Gemeinschaft heraus entstandene Handlung. Sie wird mit immer gleichem Ablauf zur gleichen Zeit durchgeführt. Zum Beispiel werden bei uns zu Weihnachten immer Plätzchen gebacken.

Das ABC des guten Menschen

Heute ist der Ethikunterricht richtig anstrengend. Die Lehrerin will wissen, was Ethik überhaupt ist. Als wenn sie das nicht wüsste.
Und nun sollen sie erklären!
Nachdem alle Kinder der 3b ein paar Minuten überlegt haben und außer dummen Sprüchen von den Jungs mal wieder nichts kam, erklärte sie ihnen, dass Ethik ein Bereich der Philosophie ist, der sich mit der Frage nach dem guten menschlichen Handeln beschäftigt.

Aber dann wurde es noch kniffeliger! Nun sollten die Kinder sagen, wie denn ein guter Mensch handelt. Dafür wollten sie eine ABC-Liste des guten Menschen aufstellen. Das war gar nicht einfach!

„A wie Achtung vor anderen haben!", rief Thomas sogleich. „Zu H passt helfen", ergänzte Pauline. „Ordentlich sein passt bei O hin", rief Jonas dazwischen …

1. Sicher fallen dir auch eine Menge guter Taten ein. Lege selbst eine ABC-Liste an.
2. Vergleicht eure Listen.

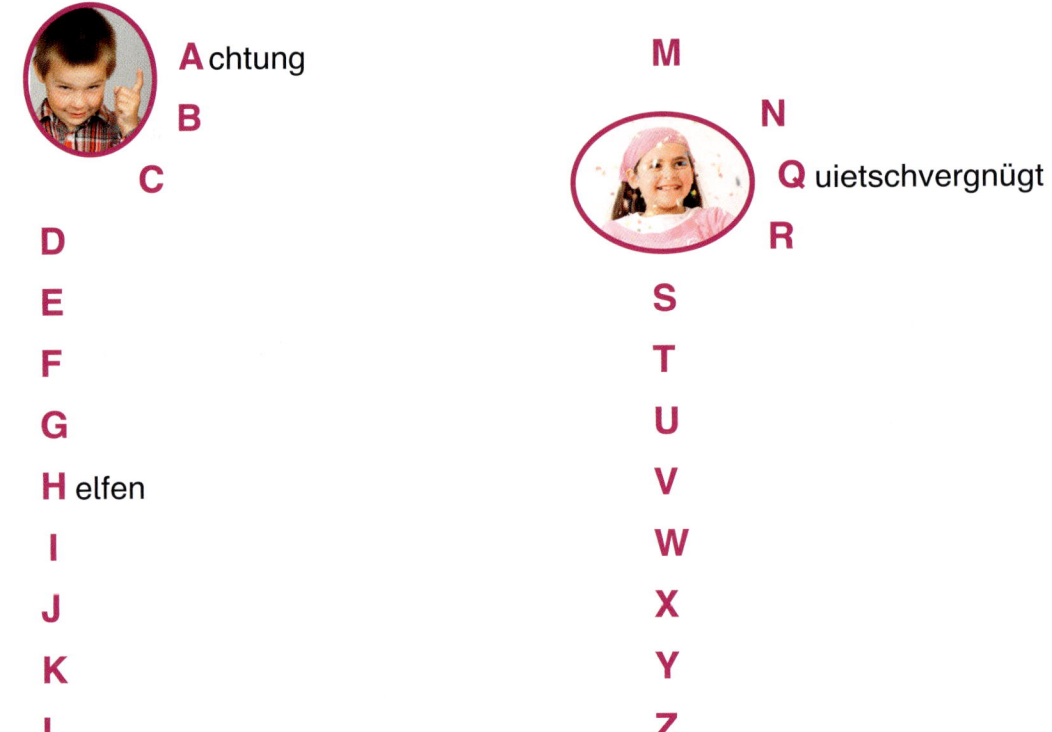

A chtung
B
C
D
E
F
G
H elfen
I
J
K
L

M
N
Q uietschvergnügt
R
S
T
U
V
W
X
Y
Z

Albert Schweitzer, ein Helfer im Urwald

Albert Schweitzer wurde 1875 im Elsass geboren. Bereits als Kind spielte er gern Orgel und las viele Bücher, besonders über Philosophinnen und Philosophen. Deshalb ließ er sich als junger Mann zum Organisten (Orgelspieler) ausbilden und studierte gleichzeitig Philosophie und Theologie. Da es ihm gut ging, während viele Menschen hungerten oder krank waren, beschloss Albert Schweitzer sein Leben lang anderen Menschen zu helfen. Er studierte deshalb mit 30 Jahren Medizin und ging gemeinsam mit seiner Frau in den afrikanischen Urwald nach Gabun, das damals Französisch-Kongo hieß.

Dort gründete er gemeinsam mit seiner Frau in Lambarene ein Krankenhaus für die afrikanische Bevölkerung, das weltberühmt wurde. Er setzte sich auch dafür ein, dass Menschen mit dunkler Hautfarbe genauso behandelt werden wie Menschen mit heller Hautfarbe. Außerdem verurteilte Albert Schweitzer die vielen Kriege auf der Welt und protestierte gegen die Aufrüstung mit Atomwaffen.

Deshalb erhielt er 1953 ebenso wie Mutter Teresa den Friedens-nobelpreis.

Als Philosoph beschäftigte er sich mit der Ethik der Natur. Er meinte, dass alle Lebewesen geachtet werden sollten. Eine Blume oder eine Fliege haben genauso einen Anspruch auf Leben wie ein Mensch. Albert Schweitzer sprach von der „Ehrfurcht vor dem Leben". Er starb 1965 in Lambarene.

1. Warum gehört Albert Schweitzer mit zu den guten Menschen. Suche Beispiele im Text.
2. Albert Schweitzer sprach von der „Ehrfurcht vor dem Leben". Was meint er damit?

3. Ein weiterer Ausspruch Schweitzers ist: „Ich bin das Leben, das leben will, inmitten von Leben, das leben will." Was bedeutet das?

Der Friedensnobelpreis ist ein von Alfred Nobel gestifteter Preis, der an Menschen vergeben wird, die sich in besonderem Maße für die Erhaltung des Friedens bzw. der Menschenrechte eingesetzt haben.

Aicha erzählt

Das ist Aicha, ein 10 jähriges Mädchen aus Weimar. Ihre Eltern sind vor 17 Jahren mit ihrem großen Bruder Kubilay aus der Türkei nach Deutschland gekommen.

Aicha erzählt:

Anfang der 1960er Jahre gab es in Deutschland viel Arbeit und zu wenig Arbeitskräfte. In der Türkei war es umgekehrt. Deshalb schien es eine gute Idee zu sein, Arbeitskräfte für eine gewisse Zeit nach Deutschland einzuladen. Nach einigen Jahren würden sie wieder nach Hause zurück-kehren, dachten die Politiker beider Staaten. Doch viele Türken entschieden sich, länger in Deutschland zu bleiben. Sie holten ihre Familien nach oder gründeten in Deutschland eine Familie, wie unsere Familie.
Heute leben rund drei Millionen Menschen hier, die ursprünglich aus der Türkei stammen. Viele von ihnen haben inzwischen die deutsche Staatsbürgerschaft angenommen. Sie arbeiten längst nicht mehr ausschließlich als Arbeiter, sondern in allen möglichen Berufen. Türkische Ärzte, Unternehmer oder Journalisten gehören inzwischen zum Alltag.

1. Kennst du Menschen, die aus anderen Ländern kommen? Wo kommen sie her?

Ramadan und Zuckerfest

Im Islam gibt es einen besonderen Monat: den Fastenmonat **Ramadan**. Ramadan ist ein arabisches Wort und bedeutet brennende Hitze und Trockenheit.
Dies deutet auf das Hitzegefühl im Magen hin, das vom Durst erzeugt wird. Ramadan ist der neunte Monat im islamischen Kalender. Weil sich die islamische Zeitrechnung allein nach dem Mondjahr richtet, sind die Jahre um 10 bis 11 Tage kürzer als in unserem Sonnenjahr. Deshalb findet das Fasten im Monat Ramadan immer zu einer anderen Zeit unseres Kalenders statt.
In dieser Zeit dürfen die gläubigen Muslime zwischen Sonnenaufgang und -untergang nicht essen und nicht trinken. Sie achten besonders darauf, sich nicht zu streiten, zu lügen oder andere zu beleidigen.
Das Fasten beginnt mit dem Sichten der Mondsichel. Deshalb beginnt der Fastenmonat nicht in allen Ländern am gleichen Tag. Fasten im Islam ist eine Form des Gottesdienstes. Nur Schwangere, Kinder, Alte oder Kranke sind von den strengen Regeln befreit.

Am Ende dieses Monats feiern türkische Muslime das **Scheker Bayram** (das Zuckerfest) und arabische Gläubige das **Id al-Fitr** (Fest des Fastenbrechens). In der Nacht des Fastenbrechens wird ausgiebig gefeiert. Dazu werden leckere Speisen serviert und aus dem Koran, dem heiligen Buch, vorgelesen.

1. Finde heraus, wann in diesem Jahr der Ramadan stattfindet.
2. Wann fällt das Fasten wohl leichter – im Sommer oder im Winter?

Eine Schule nur für Mädchen

Eine Schule nur für Mädchen, das war in Bangladesch lange Zeit undenkbar. Auch heute noch verbieten viele Eltern ihren Töchtern, die Schule zu besuchen. Mädchen müssen sich um die Familie kümmern, im Haushalt helfen und die Tiere versorgen. Dafür braucht man keine Schule!

Tajma ist 13 Jahre alt. Sie lebt mit ihren Eltern und neun Geschwistern in einem kleinen Lehmhaus in Netrakona, im Nordosten von Bangladesch. Jeden Morgen geht sie in die Schule. Die Schule ist eine kleine Hütte, die aus einem einzigen Raum besteht. Etwa 15 Mädchen kommen täglich dorthin. Sie sind sehr glücklich darüber, dass sie schreiben, lesen und rechnen lernen. Denn das lernen nur sehr wenige Mädchen in Bangladesch.
Täglich haben die Mädchen einige Stunden Unterricht, aber sie können auch über ihre Probleme sprechen. Sie reden über die Benachteiligung gegenüber Jungen und über die Möglichkeiten etwas dagegen zu tun.

1. Welche Benachteiligungen haben Mädchen gegenüber Jungen in Bangladesch?
2. Ist das bei uns auch so? Begründe.

Der Schulbesuch ist für Tajma ein richtiger Luxus. Denn eigentlich hat sie zu Hause eine Menge Arbeit zu erledigen. Nach der Schule muss Tajma zusammen mit ihrer Mutter für die Familie Essen kochen und das Haus säubern. Sie muss die Tiere versorgen, Wäsche waschen und sich um die kleinen Geschwister kümmern.

Wenn sie mit allem fertig ist, ist es meist schon Zeit, ins Bett zu gehen. Gegen 19 Uhr wird es ohnehin dunkel in den Dörfern. Da es keinen Strom gibt, ist es um diese Zeit überall stockfinster. Nur mit Hilfe von Öllampen kann man abends und nachts noch ein wenig sehen.
Seit Tajma in die Schule geht, haben ihr Vater und ihre Brüder viel mehr Respekt vor ihr. Sie kann jetzt schon ihren Namen und einige Worte schreiben und lesen. Darauf ist sie sehr stolz. Später will sie eine Ausbildung zur Schneiderin machen. Dann kann sie in Zukunft auch etwas zum Einkommen der Familie beitragen.

1. Vergleiche deinen Tagesablauf mit dem von Tajma.
2. Wie unterstützt du deine Familie?

Alle haben Rechte

Auch Kinder haben Rechte. Sie haben Anspruch darauf, dass sie genug zu essen bekommen und in **Frieden** groß werden. Kinder dürfen nicht ausgebeutet oder misshandelt werden.

Diese Rechte haben die meisten **Staaten** dieser Welt unterschrieben. Sie stehen in der sogenannten **Kinderrechtskonvention** der **Vereinten Nationen**. Das ist eine Vereinbarung zwischen den Staaten, an die sich alle zu halten haben. Diese **Konvention** selbst besteht aus mehr als 50 Abschnitten, den Artikeln.

1. Welche Rechte sind auf dem Bild dargestellt?
2. Welche findest du besonders wichtig?

Nach dem Zweiten **Weltkrieg** wurde 1945 die „United Nations Organization" (auf Deutsch „Vereinte Nationen", abgekürzt UNO oder VN) mit Sitz in **New York** gegründet. Man wollte verhindern, dass sich solche Weltkriege wiederholen. Heute sind fast alle **Staaten** der Erde in der UNO. Wenn es Probleme zwischen Staaten gibt, versucht die UNO zu vermitteln und damit einen **Krieg** zu verhindern.

1. Gegen welche Rechte wird hier verstoßen?
2. Warum ist es so schwer, zu kontrollieren, ob die Rechte eingehalten werden?

Wir sind ein Teil der Welt

Goldener Herbst

Intro

D Dmaj7 D6 D D7 G/D (A/D) D Em/G A D D/A

Strophen

D Hm F#m G D D/C# Hm A

1.-4. Wa - rum klei - den die Bäu - me sich wohl aus, wenn es kalt wird, wenn es Herbst ist?

D Hm F#m G D D/C# Hm A

Wa - rum klei - den die Bäu - me sich wohl aus, wenn es kalt wird, wenn es Herbst ist?

D A/C# C G/H

1. Vö - gel in den Sü - den zie - hen, I - gel in ihr Laub - haus flie - hen,

D A/C# C G/H

Hun - den wach - sen Win - ter - fel - le, Hams - ter ruh'n an war - mer Stel - le.

D Dmaj7 D6 D G/D (A7/D) D Em/G A D

1.-3. Nur al - le Bäu - me land - auf und land - ab wer - fen jetzt im Herbst die Blät - ter ab.

Refrain:

Warum kleiden die Bäume sich wohl aus,
wenn es kalt wird, wenn es Herbst ist?

2. Strophe

Schaf' und Küh' in Ställen stehen,
niemand ist am Strand zu sehen.
Menschen tragen warme Mützen,
um vor Kälte sich zu schützen.
Nur alle Bäume landauf und landab
werfen jetzt im Herbst die Blätter ab.

1. Warum spricht man auch vom „goldenen Herbst"?

3. Strophe

Stumm braust an die Fensterscheiben,
's letzte Mücklein zu vertreiben.
Nur an Heizung und am Ofen
werden alle angetroffen.
Nur alle Bäume landauf und landab
werfen jetzt im Herbst die Blätter ab.

4. Strophe

Unter Blätter Knospen drängen,
kraftvoll sich nach außen zwängen.
Woll'n im Frühling sich entfalten,
nur so bleibt der Baum erhalten.
Drum werfen Bäume landauf uns landab
jetzt im Herbst ihr schönes Laubkleid ab.

1. Gibt es auch andere Jahreszeiten, die dir gut gefallen?
2. Suche Lieder oder Gedichte zu anderen Jahreszeiten und gestalte ein
   Schmuckblatt!

Die halten ewig

Die sauberen Tüten aus Plastik sind nett,
man kann sie gut brauchen für's Katzenklosett
für das, was wir kaufen und wegschmeißen wollen,
man kann sie gut stapeln oder auch rollen.

Ja, die halten ewig, viel länger als wir,
und sind wir mal weg, sind sie immer noch hier.

Man kann sie bedrucken und dann steht da drauf,
Was wir einkaufen sollen beim Schlussverkauf.
Sie liegen inzwischen so praktisch und bunt,
10 Meter dick auf dem Meeresgrund.
Sie fliegen durchs Weltall, durch unsere Welt,
so praktisch und nett und für so wenig Geld.

Ja, die halten ewig, viel länger als wir,
und sind wir mal weg, sind sie immer noch hier.

1. Wenn du dir bei jedem Einkauf eine Tüte geben lässt, warum schadet das der Umwelt?
2. Was könntest du besser machen?

Die halten ewig – oder nicht?

Tüten, Einweggeschirr, Verpackung: Wer Plastik herstellen will, braucht dazu nicht unbedingt Erdöl; nachwachsende Rohstoffe tun es genauso gut! Stärke aus Kartoffeln, Mais oder Getreide kommt ebenso in Frage wie Zucker oder Pflanzenöl. Bioplastik schont nicht nur die endlichen Erdölressourcen, es lässt sich auch perfekt über den Biomüll entsorgen. Denn Bioplastik ist biologisch abbaubar und wird auf dem Kompost wieder zu Erde, auf der dann später neue Pflanzen wachsen können. Eine „runde Sache".

1. Was heißt denn ein „runde Sache"?

Der Baum

Da war ein Baum,
der liebte die Sonne,
er wuchs ihr entgegen –
man schnitt ihm die Krone.

Da war ein Baum,
der liebte den Wind –
man schnitt ihm die Zweige,
weil Bäume schmal sind.

Da war ein Baum,
der liebte den Fluss –
man schnitt ihm die Äste,
weil er gerade sein muss.

Da war ein Baum,
der langsam verstand,
dass er nur schön war,
wenn man das so fand

Dann wuchs der Baum,
schön, wie man meinte,
doch niemand merkte,
dass heimlich er weinte.

Georg Arndt

1. Gestalte eine Collage von einem Baum.
   Nutze viele verschieden Materialien.

Polarlichter

Seit Menschengedenken gibt es in bestimmten Regionen am Himmel grüne, rote oder lilafarbene Lichter. Sie wirken überirdisch, wie aus einer anderen Welt. Diese seltsamen Lichterscheinungen, die Polarlichter, sind Kinder der Sonne.

Polarlichter werden beim Auftreffen geladener Teilchen der Sonnenwinde auf die Erdatmosphäre hervorgerufen. Dies geschieht in einer Höhe von 80 bis 800 Kilometern. Aus der Reaktion mit Sauerstoffatomen entstehen grüne Lichterscheinungen in etwa 100 km Höhe oder rotes Licht in einer Höhe von 200 km. Violette oder blaue Farbe entwickelt sich aus dem Zusammentreffen der Sonnenteilchen mit Stickstoffatomen.

Polarlichter treten meistens in den späten Herbst- und Wintermonaten auf, wenn Sonne und Erde parallel zueinander stehen. Die bekanntesten sind das Nordlicht am Nordpol und das Südlicht am Südpol. Manchmal kann man sie auch in Europa beobachten.

 1. Welche anderen Naturphänomene kennst du?

 Ein Phänomen (griechisch) ist ein mit den Sinnen wahrnehmbares Ereignis. Im heutigen **Sprachgebrauch** bezeichnet „Phänomen" auch eine Ausnahmeerscheinung. Du kennst sicher das Wort „phänomenal".

Klimaschutz fängt bei dir an!

Klimaschutz geht jeden von uns an, und jeder kann dazu beitragen. Also pack es an und zieh deine **Familie**, deine Freunde und deine Nachbarn gleich mit! Manchmal kannst du schon mit kleinen Dingen zum Energiesparen beitragen.

Wann immer es geht, sollte euer Auto stehen bleiben. Zur Schule, zum Sportverein oder zu deinen Freunden kommst du sicher auch zu Fuß, mit dem Fahrrad oder mit öffentlichen Verkehrsmitteln.

Warum muss ein Zimmer von elektrischem Licht durchflutet sein, wenn keiner drin ist?

Versuch's doch mal mit Duschen anstatt zu baden. Fürs Duschen muss nämlich weniger Wasser erhitzt werden als für eine volle Badewanne. Außerdem sparst du eine Menge Wasser.

Elektrogeräte bitte nicht in den Stand-by-Modus schalten, der frisst nämlich auch Strom. Wenn alle Deutschen das täten, könnten jährlich 14 Millionen Tonnen CO_2 eingespart werden.

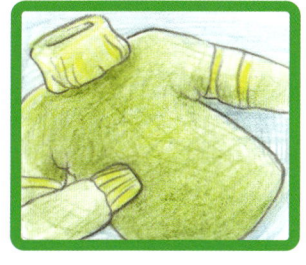

Wer nicht gleich die Heizung anschaltet, wenn es draußen kühler wird, spart **Energie** und CO_2. Ein Grad weniger bedeutet bei einer vierköpfigen Familie schon eine Einsparung von 350 Kilogramm CO_2-**Ausstoss**.

Frische Luft ist gut. Doch beachte, durch das geöffnete Fenster geht viel Heizungswärme verloren.

Kiwis und andere exotische Früchte sind lecker, aber sie kommen meist von weit her. Das heißt, für ihren Transport wird viel Energie verbraucht. Wer in einen Apfel aus der Nähe beißt, schützt deshalb auch das Klima.

Wer öfter mal aufs Fleisch verzichtet, erspart dem Weltklima eine Menge Treibhausgase. Denn die „Abgase" der Kühe produzieren große Mengen CO_2.

Energiesparlampen oder Halogenlampen sparen Energie, deshalb heißen sie so. Jede Glühbirne, die durch eine gleich helle Energiesparlampe ersetzt wird, verringert den Ausstoß von CO_2.

1. Welche Regeln lassen sich von diesen Tipps ableiten?
2. Finde andere Energiespartipps?

Spieletipps

Chef-Vize

Die Kinder sitzen im Kreis. Sie bestimmen einen Chef und einen Vize (Stell-
vertreter). Alle anderen Kinder zählen durch und merken sich ihre Zahl.
Der Spielleiter erklärt nun die Firmenhierarchie: Chef, Vize und 20 Mitarbeiter.
Die Mitarbeitet von 1–5 sind Topmanager, die Mitarbeiter 6–10 gehören zum
mittleren Management und die restlichen Mitarbeiter arbeiten im Versand
oder als Putzkolonne. Jeder kann von der Putzfrau zum Chef oder umgekehrt
auf- bzw. absteigen, das hängt nur von der eigenen Geschicklichkeit ab.
Ein Viererrhythmus ist dafür die Voraussetzung:

- Einmal mit beiden Handflächen auf die Oberschenkel schlagen,
- einmal die Hände vor der Brust klatschen,
- mit dem rechten Daumen über die Schulter zeigen und dabei die eigene Zahl,
  Chef oder Vize nennen,
- mit dem linken Daumen über die Schulter zeigen und dabei die Person (Zahl,
  Chef oder Vize) nennen, die das Spiel fortsetzen soll.

So geht es in rasantem Tempo weiter. Die Mitschüler sollten dabei im Rhythmus
bleiben. Wer einen Fehler macht, verlässt seinen Stuhl und setzt sich auf einen
leeren Platz der Firma. Alle Mitspieler rücken bis zum frei gewordenen Stuhl nach
und übernehmen entsprechend die neue Zahl. Und so ist schnell der Topmanger
auf dem Putzfrauenstuhl ...

Geräusche- oder Bewegungs-Memo

Ein Kind verlässt den Raum. Es soll als Memory-Meister die einzelnen Paare
wieder zusammenführen. Während es vor der Tür wartet, vereinbaren jeweils
zwei Spieler ein gemeinsames Geräusch (z.B. Händeklatschen, Pfeifen).
Nun werden die Kinder im Raum verteilt, so dass die Paare nicht beieinander
stehen. Der Memory-Meister wir hereingerufen. Er tippt die Spieler an. Sie führen
ihr Geräusch vor. Die Aufgabe des Meisters ist es, die Paare mit dem gleichen
Geräusch zusammenzuführen.
Statt der Geräusche können die Paare auch gemeinsame Bewegungen
verabreden, die der Memo-Meister herausfinden muss.

Die Backmasseure kommen

Jedes Kind wählt sich einen Partner, den es massieren wird. Dieser liegt in der Bauchlage auf einer Matte. Die Augen sind geschlossen, der Kopf liegt seitwärts. Die Arme, Schultern und Beine sind entspannt. Jetzt kniet sich der **Masseu**r daneben. Der Spielleiter leitet die lustige Rückenmassage: „Heute backen wir einen schwäbischen Apfelkuchen. Aber zunächst müsst ihr das Kuchenblech säubern."

Dazu braucht ihr Wasser	beide Hände streichen wellenförmig über den Rücken
Entfernt den groben Schmutz mit einem weichen Schwamm	leichte Kreisbewegungen mit einer Hand
Spült den Schmutz mit Wasser ab	beide Hände streichen wellenförmig über den Rücken
Fettet das Blech ein	Fingerspitzen streichen wie Pinsel über den Rücken
Verteilt den Teig auf dem Blech	beide Hände ziehen über den ganzen Rücken
Drückt den Teig an den Rändern fest	mit den Fingern die seitlichen Fettpolster festrollen
Luftlöcher in den Teig stechen	zwei ausgestreckte Finger stechen sanft in den Rücken …
Zum Schluss die Streusel!	Fingerspitzen kitzeln leicht den Rücken

 Beim Spiel kann man den Menschen in einer Stunde besser kennenlernen als im Gespräch in einem Jahr. (Platon, griechischer Philosoph)